_____ 님의 소중한 미래를 위해
이 책을 드립니다.

금융지식이
이렇게 쓸모
있을 줄이야

금융지식이 이렇게 쓸모 있을 줄이야

김현섭·민병혁·이호용·홍은미 지음

금융지식을
조금만 더 일찍
공부했더라면!

메이트북스

메이트북스 우리는 책이 독자를 위한 것임을 잊지 않는다.
우리는 독자의 꿈을 사랑하고,
그 꿈이 실현될 수 있는 도구를 세상에 내놓는다.

금융지식이 이렇게 쓸모 있을 줄이야

초판 1쇄 발행 2019년 3월 8일 | 초판 2쇄 발행 2019년 4월 10일 | 지은이 김현섭 · 민병혁 · 이호용 · 홍은미
펴낸곳 ㈜원앤원콘텐츠그룹 | 펴낸이 강현규 · 정영훈
책임편집 김슬미 | 편집 김하나 · 안미성 · 이수민 · 최유진
디자인 최정아 | 마케팅 한성호 · 김윤성 | 홍보 이선미 · 정채훈 · 정선호
등록번호 제301-2006-001호 | 등록일자 2013년 5월 24일
주소 04778 서울시 성동구 뚝섬로1길 25 서울숲 한라에코밸리 303호 | 전화 (02)2234-7117
팩스 (02)2234-1086 | 홈페이지 www.matebooks.co.kr | 이메일 khg0109@hanmail.net
값 16,000원 | ISBN 979-11-6002-215-5 03320

이 도서의 국립중앙도서관 출판시도서목록(CIP)은 e-CIP홈페이지(http://www.nl.go.kr/ecip)에서
이용하실 수 있습니다.(CIP제어번호: CIP2019006270)

문맹은 생활을 불편하게 하지만,
금융맹은 생존을 불가능하게 한다

• 앨런 그린스펀(전 연방준비제도 이사회 의장) •

금융에 대한 기본기로
'돈 모으는 재미'를 느껴라!

어른과 아이의 구별법으로 '아기공룡 둘리'라는 만화속 캐릭터 중 둘리가 불쌍하면 아이, 고길동이 불쌍하면 어른이라는 말이 있다. 마찬가지로 경제적인 관점에서 생각해본다면 재테크에 무관심하면 아이, 관심을 갖게 되면 어른이 된 것이다.

재테크는 재무財務와 기술Technology의 합성어로 '돈 불리는 기술'로 통용되고 있고, 부자를 꿈꾸는 사람들은 저마다 재테크 성공비결을 궁금해하기 마련이다.

다양한 금융상품을 경험해보고 모르는 금융지식은 전담PB를 통해 자세히 설명을 들을 수 있는 부자들과 달리 일반인들은 재테크의 기본인 금융지식이나 금융상품에 대한 정보를 체계적으로 얻기 어려운 것이 현실이다.

최근 금융감독원에서 발표한 2018년도 전 국민 금융이해력 조사 결과에 따르면 우리나라의 금융이해력은 62.2점으로 OECD 회원국

6

의 평균(64.9점, 2015년 16개국)보다 다소 낮은 수준이라는 점도 이를 뒷받침한다.

필자들은 은행과 증권사에서 최소 금융자산 5억 원 이상을 예치한 고객만을 전담하는 PB Private Banker로 부자 고객의 자산관리 업무를 맡아오고 있으며, KB금융그룹 내 자산관리 전문가 핵심그룹인 'KB WM스타자문단' 위원으로 선정되어 언론기고, 인터뷰 등을 통해 자산관리 경험을 일반인들과도 공유하는 활동도 하고 있다.

이런 필자들의 경험을 통해 독자 여러분들께 재테크의 기본이 되는 금융지식과 은행, 증권, 보험상품을 보다 쉽게 이해하고 활용할 수 있기를 바라는 마음으로 집필했다. 이 책을 통해 금융지식도 쌓고, '돈 모으는 재미'가 '돈 쓰는 재미'보다 더 쏠쏠하다는 경험을 하기를 기대해본다.

이 책이 나오기까지 많은 분께서 도움을 주셨다. '고객의 마음을 여는 것이 진정성이라면, 고객을 붙잡는 것은 전문성'이라고 격려해주신 KB금융 WM총괄 김영길 대표님과 국민은행 이미경 본부장님, 같은 일을 하더라도 더 즐겁게 해내는 방법을 알려주신 김정도 부장님, 이경화 팀장님께 감사의 말씀을 드린다.

마지막으로 언제나 가장 든든한 후원자이자 응원과 지지를 아끼지 않는 가족에게 사랑하고 감사한다는 말을 전한다.

김현섭·민병혁·이호용·홍은미

차례

지은이의 말 **금융에 대한 기본기로 '돈 모으는 재미'를 느껴라!**   • 6

『**금융지식이 이렇게 쓸모 있을 줄이야**』 저자 심층 인터뷰   • 12

1장

부자가 되고 싶다면 금융맹부터 탈출하라

▶ 금융맹 전성시대, 금융맹은 누구인가?   • 23
▶ 나도 혹시 금융맹인가?   • 27
▶ 금융맹을 어떻게 탈출할 수 있을까?   • 31
▶ 부자의 99%는 금융지식에 강하다   • 35

2장

금융지식이 바로 돈이다

▶ 진짜 수익률 vs. 가짜 수익률   • 43
▶ 같은 펀드지만 다른 비용, 내게 맞는 클래스는?   • 47
▶ 보험상품의 중도해지를 피하는 방법은 무엇인가?   • 51
▶ 웃으면서 세금내는 방법, 신용카드 국세납부   • 55
▶ 차명 금융거래, 요구도 승낙도 위험하다   • 59

3장

경제의 흐름을 꿰뚫고 싶다면 금리부터 알자

▶ 왜 사람들은 금리에 울고 웃나?   • 67

▶ 금리란 무엇이고 어떻게 결정되는가?   • 72

▶ 금리의 종류에는 어떤 것들이 있나?   • 75

▶ 예금금리와 대출금리가 차이나는 이유는 무엇인가?   • 79

▶ 중앙은행이 금리 조절로 얻고자 하는 것은 무엇인가?   • 84

▶ 금리는 자산시장에 어떤 영향을 미치나?   • 88

▶ 금리와 환율은 어떤 관계가 있나?   • 93

▶ 빚내서 하는 레버리지 투자, 좋은가 나쁜가?   • 98

▶ 미국의 금리 인상에 한국 "나 떨고 있니?"   • 102

▶ 금리 인상기를 맞아 우리는 어떻게 해야 하나?   • 107

4장

부자는 금융상품에 강하다

▶ 금융 거래의 시작은 예금과 적금이다   • 115

▶ 금투자, 투자 수단이면서 헷지 수단   • 119

▶ 주택청약종합저축, 내집 마련의 시작이다   • 124

▶ 만능계좌 ISA, 꼼꼼하게 꼭 챙기자   • 128

▶ 펀드투자, 전문가에게 맡기되 공부는 필수   • 132

▶ 신탁투자, 믿고 재산을 맡긴다   • 137

▶ 연금, 은퇴한 나에게 주는 월급   • 141

▶ 대출, 너 때문에 울고 웃는다   • 146

▶ 외환업무, 싸고 편리하게 하는 방법이 있다   • 151

5장

경제적 자유는 증권상품으로 도전한다

▶ 매일매일 높은 금리를 쌓아주는 CMA   • 157
▶ 외화예금 대신 해외채권투자, 꿩 먹고 알 먹고다   • 162
▶ 묶어두기 곤란하고 낮은 금리 아쉽다면 RP에 투자하자   • 168
▶ 전자단기사채만한 단기 금융상품도 없다   • 173
▶ 랩어카운트, 맞춤형 패키지 상품이다   • 179
▶ ELS/DLS, 시장 변동성이 반가운 국민 재테크 상품이다   • 185
▶ 공모주투자, 의외로 괜찮은 수익을 안겨준다   • 191
▶ 주식투자, 과학적으로 접근하라   • 197
▶ 이제 해외투자시대, 글로벌 기업에 주목하자!   • 203
▶ 파생상품으로 플러스 알파를 노려라   • 210
▶ ETF, 일반 펀드보다 이런 점이 더 좋다   • 216

6장

행복한 노후는 생명보험상품이 지켜준다

▶ 종신/정기보험, 불의의 사고시 가족을 지켜준다   • 227
▶ 변액보험, 자산관리형 보험의 대세다   • 231
▶ 저축보험, 목돈 마련용으로 이보다 좋을 수 없다   • 235
▶ 부족한 국민연금, 개인연금으로 보완하자   • 239
▶ 연금보험과 연금저축보험이란 무엇인가?   • 245
▶ 보험, 깰 것인가 말 것인가? 그것이 문제로다   • 249
▶ 갱신형과 비갱신형, 무엇이 더 좋은가?   • 252

7장

인생의 위험은 손해보험상품으로 대비한다

▶ 자동차보험, 운전자라면 꼭 가입해야 한다 · 259
▶ 자녀보험과 상해보험으로 일상의 위험에 대비한다 · 264
▶ 아프니까 노년이다, 노후에 꼭 필요한 의료비보험 · 269
▶ 100세 시대, 보험으로 장기 간병을 준비하자 · 273
▶ 화재보험은 주택이든 사무실이든 필수다 · 277
▶ 보험료가 줄어드는 다양한 할인 특약을 알아두자 · 280

8장

절세지식이 줄줄 새는 돈을 막아준다

▶ 같은 예금도 똑똑한 사람은 받는 금액이 더 많아진다 · 287
▶ 대출금을 갚으면서 돈도 벌 수 있는 방법이 있다 · 292
▶ 펀드투자로 손실 났어도 세금을 낼 수 있다 · 296
▶ 채권, 간접투자와 직접투자시의 세금이 다르다 · 300
▶ 주가가 오르든 내리든 절세의 길은 있다 · 303
▶ 연금 적립과 수령시 꼭 알아야 할 절세 전략 · 308
▶ 부자들이 보험을 좋아하는 이유는 절세 때문이다 · 313
▶ 절세를 위한 신용·체크카드 사용 황금비율 · 317
▶ 금융소득 종합과세 대상자가 되면 발생하는 일들 · 322

『금융지식이 이렇게 쓸모 있을 줄이야』
저자 심층 인터뷰

Q. 『금융지식이 이렇게 쓸모 있을 줄이야』를 소개해주시고, 이 책을 통해 독자들에게 전하고 싶은 메시지가 무엇인지 말씀해주세요.

A. '돈 쓰는 재미' 느껴보신 적 있으신가요? 세뱃돈으로 훨씬 풍족한 용돈이 생기거나, 취업 후 용돈 보다 훨씬 두둑한 월급을 손에 쥐게 되면 그때 사람들은 돈 쓰는 재미를 알게 됩니다. 하지만 '돈 모으는 재미'가 그보다 더 쏠쏠한 걸 아시는지요?
많은 사람이 꿈꾸는 부자들은 '돈 쓰는 재미' 보다 '돈 모으는 재미'에 빠져있답니다. 필자들은 금융지식이 많다고 모두 부자가 되는 것이 아니라는 점을 잘 알고 있습니다. 하지만 다양한 금융지식은 독자 여러분들이 '돈 모으는 재미'에 좀더 빨리 다가갈 수 있도록 도와줄 수 있다고 확신합니다. '돈 모으는 재미'를 느끼게 된다면 여러분이 꿈꾸는 부자의 길도 그리 멀지 않을 것입니다.

Q. 부자가 되고 싶다면 '금융맹'부터 탈출하라고 강조하셨습니다. 금융맹에서 탈출하려면 어떻게 무엇을 실천해야 하나요?

A. 문제 해결은 문제점을 제대로 인식하는 것에서 출발합니다. 금융감독원에서는 2년마다 한 번씩 전 국민 금융이해력 조사를 실시해 결과를 발표하고 있는데, 스스로 이 조사의 질문지를 풀어보고 본인의 수준을 평균수치와 비교해보면 도움이 될 것입니다.
문제를 확실히 인식했다면 금융맹 탈출을 위한 첫 걸음으로 금융감독원에서 운영하는 금융소비자 정보포털 '파인(fine.fss.or.kr)'을 활용하면 좋습니다. 은행·카드·보험·증권·연금·소비자보호·금융 회사정보까지 모든 금융정보가 있습니다. 금융지식이 조금씩 쌓이면 적은 금액이라도 다양한 금융상품을 경험해보세요. 경험을 바탕으로 한 금융지식은 당신을 금융맹에서 탈출시켜줄 것입니다.

Q. 금융지식이 곧 돈이라고 강조하셨습니다. 그렇다면 금융지식이 부족한 사람은 어떤 어려움을 겪게 되고, 어떤 위험에 노출되나요?

A. '내가 지금 알고 있는 걸, 그때도 알았더라면…' 우리는 살면서 수많은 의사 결정을 해야 하지만 잘못된 결정으로 후회하기도 합니다. 충분한 정보가 없다면 잘못된 선택을 하는 것은 당연한 일이지만 일반적인 문제와 달리 금융과 관련된 잘못된 의사 결정은 크고 작은 경제적인 손실을 가져오게 된다는 점에서 더욱 주의가 필요합니다.

오래전 관행과도 같은 차명거래의 경우에는 이제 금융실명법 위반으로 형사 처벌까지 받을 수 있는 문제가 되었습니다. 금융지식이 있었다면 누릴 수 있었던 혜택을 놓치고 나중에 그 사실을 알게 되면 정신건강에도 해롭지 않을까요?

Q. 경제의 흐름을 꿰뚫고 싶다면 금리부터 알아야 한다고 하셨습니다. 금리를 이해하는 것이 재테크에 어떻게 도움이 될까요?

A. 금융기관이 제공하는 재테크 관련 추천상품 목록을 보고 그 중 최근의 수익률이 제일 좋은 것 하나를 골라 가입하는 것보다 금리와 경제 상황을 이해하는 것이 소중한 자산을 관리하고 불리는데 매우 중요한 기준이 됩니다.

경제 상황이 원론적이기도 하지만 인간이 하는 것이기 때문에 예측하기 어렵고 다른 결과들도 일어나고는 합니다. 이 책을 통해 경제 기초를 이해하고 금융상품을 활용하면서 꾸준히 돈을 아끼고 모으면 원하는 재무 목표에 보다 빨리 도달할 수 있습니다.

Q. 부자는 금융상품에 강하다고 하셨습니다. 수많은 금융상품 중에서도 우리가 꼭 관심을 가져야 할 몇 가지를 선별해 알려주시기 바랍니다.

A. 연금저축, 개인형 IRP, ISA와 같은 절세를 활용한 금융상품에 우선 주목할 필요가 있습니다. 절세는 가장 확실한 투자입니다. 주택청약종합저축은 가입하지 않을 이유가 없습니다. 청약자격뿐만 아니라 절세 혜택과 이자도 주니까요.

절세 혜택을 다 채우고 나면 펀드나 신탁 또는 골드뱅킹을 통해 투자에 관심을 가져보세요. 장기적으로 전망은 좋지만 싸다고 느껴지는 분야에 적립식 투자 시작을 권해드립니다. 금융상품 활용뿐만 아니라 거래 금융기관을 집중해 우대 혜택을 누리시는 것도 잊지 마세요.

Q. 경제적 자유는 증권상품으로 도전한다고 하셨습니다. 증권상품 중에서도 우리가 꼭 관심을 가져야 할 몇 가지를 선별해 알려주시기 바랍니다.

A. 본인의 자금을 운용할 수 있는 기간에 따라 수시로 자유롭게 입출금 거래를 원하신다면 하루만 맡겨도 연 1.74%의 수익률이 나오는 CMA 계좌를 추천합니다. 3~6개월정도 투자가 가능하다면 일반 유동성상품(CMA 등) 대비 높은 수익과 안정성을 겸비한 단

기채펀드랩, 전자단기사채를 이용하시면 좋습니다. 상대적으로 장기간 투자가 가능하다면 투자형 상품으로는 국내투자, 글로벌 투자, 펀드투자, 헤지펀드형 등 본인의 성향에 맞춘 맞춤형 랩어카운트를 추천합니다.

Q. 행복한 노후는 생명보험상품이 지켜준다고 당부하셨습니다. 일각에서는 보험에 대해 부정적인 이들도 있는데, 보험의 진정한 가치와 활용법에 대해 알려주시기 바랍니다.

A. 최근에는 보험에 대한 인식이 예전과 많이 달라졌습니다. 과거 설계사(FP) 위주의 판매 방식에서 벗어나 은행(방카슈랑스), 홈쇼핑, 인터넷 등 다양한 채널을 통해 접근성이 향상되었기 때문일 것입니다. 보험은 개인별로 필요한 상품들이 다르겠죠. 사회 초년생은 목돈 마련을 위한 보험, 자녀를 유학이나 어학연수를 보낼 부모님은 외화보험, 고액자산가는 절세나 과세이연이 가능한 상품, 가족력이 있는 경우는 건강보험, 암보험 등 본인의 상황과 가장 적합한 상품을 권유받아 선택하는 것이 좋습니다.

100세 시대? 이젠 120세 시대라고 한다죠. 오래 사는 것도 중요하지만 그것이 '재앙'일지 '행복'일지는 어떻게, 얼마나 빨리 준비하느냐에 달려 있습니다. 아프면 치료비가 나오고 오랜 기간 동안 연금이 나온다면 최소한 '재앙'은 아닐 수 있겠죠.

Q. 인생의 위험은 손해보험상품으로 대비한다고 하셨습니다. 일상생활의 주요 위험에 대비해 우리가 꼭 가입해야 하는 손해보험상품은 무엇인가요?

A. 개인마다 상황이 다를 수 있지만, 일반적으로 위험확률이 높은 것 순서대로 보험 가입의 우선순위를 정해보자면 '가입 0순위'로 실손 의료보험을 말하고 싶습니다. 대부분의 사람은 한 번쯤은 병원에 갈 테니 논란의 여지없이 꼭 필요한 보험입니다.

다음으로는 각종 진단비를 지급해주는 보험을 추천합니다. 실손 의료보험만으로는 부족했던 부분들을 메울 수 있고, 여러 위급한 상황에서 경제적인 문제의 대안이 될 수 있기 때문입니다. 또한 자동차 운전자의 경우 자동차보험과 운전자보험을 추천하고, 이 밖에 자신이 다치거나 타인을 다치게 했을 경우 보상해주는 상해보험과 최근 가입이 급증하고 있는 치아보험, 치매 간병비 보험, 화재보험 등이 일상생활에서 주로 발생할 수 있는 위험에 대비한 주요 손해보험상품들입니다.

Q. 절세지식이 줄줄 새는 돈을 막아준다고 하셨습니다. 절세는 돈 많은 사람들에게나 필요한 것 아닌가 싶기도 한데, 평범한 일반인들에게도 절세가 필요한가요?

A. 보통 부자들이 세금을 더 많이 내기 때문에 절세의 기회도 부자가 더 큰 것은 사실입니다. 하지만 '사람이 피할 수 없는 것 2가지는 죽음과 세금'이라는 말처럼 평범한 일반인들도 세금 문제는 생기기 마련입니다. 문제는 부자들은 세금 문제를 중요하다

고 여기기 때문에 절세 기회를 놓치지 않는 반면, 일반인들은 세금이 남 일이라고 생각하기 때문에 절세 기회를 놓치게 되는 경우가 많다는 것입니다. 보다 높은 수익을 얻으려면 그에 따라 더 높은 위험을 부담해야 하지만, 절세 기회를 놓치지 않는다면 위험 부담 없이 추가수익을 얻을 수 있어요.

Q. 금융지식에 대한 중요성을 인지하고 이제 금융지식을 조금씩 쌓아가고자 하는 사람들에게 격려와 당부의 한 말씀 부탁드립니다.

A. '운동을 하면서 가장 어려운 건 헬스장에 오는 것입니다. 당신은 방금 그 어려운 일을 해내셨습니다. 지금부터는 쉬운 일을 해보겠습니다.' 어느 헬스장 앞에 붙어 있는 글이라고 합니다. 이를 응용해보면, '지금 이 책을 들고 있는 당신은 금융지식을 쌓기 위해 필요한 일 중 가장 어려운 일을 해내셨습니다'라고 할 수 있겠네요. 연애를 책으로만 배우는 것은 무의미하듯이, 여러분들이 쌓은 금융지식도 다양한 금융투자 경험이 뒷받침 되어야 빛을 발합니다. 필자들의 작은 노력이 독자들의 행복한 금융생활에 도움이 되길 진심으로 기원합니다.

1. 네이버 검색창 옆의 카메라 모양 아이콘을 누르세요.
2. 스마트렌즈를 통해 이 QR코드를 스캔하면 됩니다.
3. 팝업창을 누르면 이 책의 소개 동영상이 나옵니다.

금융지식이 많다고 모두 부자가 되는 것은 아니다.
하지만 대부분의 부자들은 금융지식에 강한 경우가 많다.
금융지식을 쌓고 실행하며 관심을 둔다면 부자의 길에 한걸음 더 가까이 갈 수 있다.

'요즘 세상살이에 IQ, EQ보다 더 중요한 것이 있다면 그것은 바로 FQ(Financial Quotient)'라 할 수 있다. FQ는 금융(Financial)과 지능지수(IQ)를 합친 신조어로 금융이해력을 뜻한다. 안타깝게도 금융감독원의 2018 전 국민 금융이해력 조사 결과를 보면 우리나라의 금융이해력 평균점수는 OECD 평균치보다 다소 낮은 수준이다. 금융지식에 강하다고 모두 부자가 되는 것은 아니지만, 부자의 99%는 금융지식에 강하다는 점을 기억해두자.

부자가 되고 싶다면
금융맹부터 탈출하라

금융맹 전성시대,
금융맹은 누구인가?

문맹은 생활을 불편하게 하지만
금융맹은 생존을 불가능하게 한다.

복잡하고 어려운 금융! 금융이 중요한 것 같긴 한데, 잘 몰라도 사는 데 별 지
장 없는 것 아닌가요?

스마트폰 없이 살던 때도 있었지만, 지금 스마트폰이 없다면 어떨까요? 마찬
가지로 금융을 잘 알고 활용하면 우리의 경제생활이 훨씬 행복해질 거예요.

　　금융은 '자금의 융통'을 뜻하는 말로 과거에는 이자를 받고 자금
을 빌려주는 단순한 거래가 주를 이루었지만, 이제는 '금융공학'이라
고 부를 정도로 복잡해졌다. 경제가 성장하면서 복잡하고 다양한 거
래들이 늘어났기 때문이다. 금융이 점점 어려워지면서 금융이해력

이 낮은 '금융맹'도 늘어나고 있다.

미국의 전 연방준비제도 이사회 의장으로 세계의 경제 대통령이라 불렸던 앨런 그린스펀Alan Greenspan은 "문맹은 생활을 불편하게 하지만, 금융맹은 생존을 불가능하게 한다"고 말했다.

금융맹의 생존 문제를 생각해보자. 드라마 〈응답하라 1988〉을 보면 재미있는 장면이 하나 나온다. 바둑대회 우승 상금을 받으면 어디에 투자할지에 대한 대화 중 은행원인 덕선 아빠가 한 말이다. "시방 금리가 쪼까 떨어져가꼬 한 15% 밖엔 안 되지만 따박따박 이자 나오고 은행만큼 안전한 곳이 없제."

30년 전이라면 금융지식 없이 예금만 해도 15% 수익을 얻을 수 있었지만, 현재의 예금금리는 2%대에 불과하다. 적극적인 노력을 더해 다양한 금융상품을 적절히 활용해도 30년전 수준을 따라가기에는 버겁다. 그런 노력마저 하지 않는 금융맹이라면 다른 사람의 경제생활과 비교하면 '살아도 사는게 아닌 것'처럼 생존이 불가능하다는 것이 과장된 표현은 아닐 것이다.

OECD 국가와 비교한 우리의 금융맹 수준은?

금융감독원에서는 2년에 한 번씩 '전 국민 금융이해력 조사'를 실시하고 결과를 발표한다. 이 조사 결과를 통해 경제·금융 교육방향을 수립하고, OECD 국가간 비교 등의 기초자료로 활용한다. 이 조

　　　　　　(단위: 점)

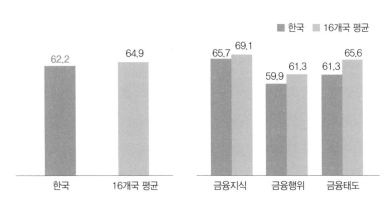

금융이해력 수준

62.2	64.9
한국	16개국 평균

부문별 금융이해력 수준

■ 한국　　■ 16개국 평균

	한국	16개국 평균
금융지식	65.7	69.1
금융행위	59.9	61.3
금융태도	61.3	65.6

출처: 금융감독원

| 소득별*·연령별 금융이해력 최소 목표점수 미달 분포 비중　　　　　　(단위: %)

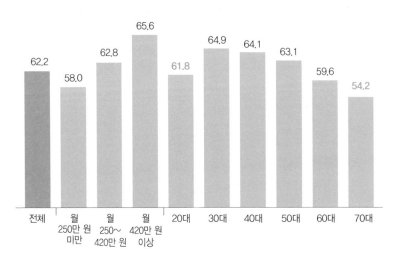

전체	월 250만 원 미만	월 250~420만 원	월 420만 원 이상	20대	30대	40대	50대	60대	70대
62.2	58.0	62.8	65.6	61.8	64.9	64.1	63.1	59.6	54.2

* 세전 총 가구소득 기준

출처: 금융감독원

사 결과를 살펴보면 우리의 금융맹 수준을 가늠해볼 수 있다.

최근 발표된 2018년도 조사 결과에 따르면 우리나라의 금융이해력은 62.2점으로 OECD 회원국의 2015년 평균(64.9점)보다 다소 낮은 수준이었다. 부문별로는 금융지식(65.7점)과 금융행위(59.9점), 금융태도(61.3점)는 하회했다.

소득 수준별, 연령대별 금융이해력 점수도 전 부문에서 OECD 최소 목표점수(66.7점)에 미달하는 것으로 나타났다. 이러한 결과를 통해 금융교육이 강화될 필요성이 있음을 알 수 있다.

나도 혹시
금융맹인가?

스스로 금융이해력 조사 설문에 답해보자.
당신의 금융맹 지수 점수는 몇 점인가?

혹시 저도 금융맹이 아닌지 궁금한데, 테스트를 해볼 방법이 있나요?

금융감독원 금융교육센터에서 제공되는 '금융이해력 조사 설문'을 직접 체크
한 후 조사 결과의 평균치와 비교해볼 수 있어요.

"저는 조인성 옆에 서면 작지만, 하하 옆에 서면 크죠. 둘 다 없으
면 크지도 작지도 않은 전 그냥 저예요." 재치 만점인 김제동 씨가
한 강연에서 한 말이다.

다른 사람과의 외모 비교는 기분 나쁜 일이 될 수도 있지만, 자신
의 금융지식 수준은 다른 사람의 금융지식 수준과 비교를 해보면 좀

더 쉽게 알 수 있다.

금융이해력에 대한 비교 자료는 금융감독원이 조사한 자료를 참고해볼 만하다. 금융감독원의 '금융이해력 조사 설문'은 금융지식(7점), 금융행위(9점), 금융태도(5점) 등 총 21점 만점으로 산출된다. 한편 조사 결과는 각 항목별 100점 만점으로 환산한 점수와 3개의 항목 합계점수를 100점 만점으로 환산한 점수를 기준으로 표시하고 있다.

금융이해력 설문조사지와 조사 결과

과세 예금계좌에 100만 원을 복리이자로 5년 동안 입금해둔다면 5년 후에 동 예금계좌에는 얼마의 금액이 있겠습니까?

① 110만 원 초과

② 정확히 110만 원

③ 110만 원 미만

④ 주어진 정보로는 계산 불가능

금융이해력 설문의 질문 중 하나다. 잠시 시간을 내 설문 전체를 체크해보고, 본인의 금융이해력 수준을 확인해보자. 이 자료는 금융감독원 금융교육센터(www.fss.or.kr/edu)에서 제공한다.

설문자료와 조사 결과는 '금융감독원 금융교육센터 → 알림·소식 → 전 국민 금융이해력 조사'에서 확인할 수 있다.

다른 사람과 비교했을 때 나도 금융맹일까?

2016년 금융감독원의 금융이해력 조사 결과 발표자료에 따르면, 성별로는 남·여 모두 OECD가 정한 최소 목표점수(66.7점)에 미달했다. 그리고 연령별로는 30~50대가 최소 목표점수를 넘었지만 20대와 60~70대는 미달했다.

| 성별·연령별 금융이해력 수준 (단위: 점)

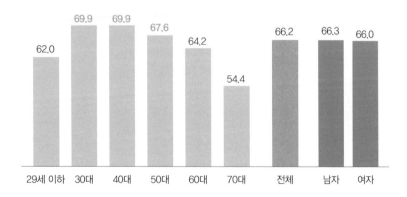

출처: 2016년도 전 국민 금융이해력 조사 결과, 금융감독원

2016년 금융이해력 부문별 조사 결과는 아래의 표와 같다. 2018년 금융이해력 설문자료는 공개되지 않아 2016년 자료를 기준으로 체크해보자. 금융이해력 설문조사는 금융감독원 금융교육센터의 '전 국민 금융이해력 조사'에서 확인할 수 있다. 자신의 금융이해력 점수를 아래 표에 작성해보자.

구분	우리나라 평균	OECD 16개국 평균	OECD 최소 목표 점수	나의 점수
금융지식 점수	70.1	69.1	71.4	
금융행위 점수	64.4	61.3	66.7	
금융태도 점수	63.6	65.6	60.0	
금융이해력 종합점수	66.2	64.9	66.7	

금융맹을 어떻게
탈출할 수 있을까?

경험은 가장 훌륭한 스승이다.
다만 학비가 비쌀 뿐이다.

컴맹은 컴퓨터 학원에서, 영알못(영어를 알지 못하는 사람)은 영어학원에서 탈출
을 시도할 수 있지만 금융맹은 어떻게 탈출하나요?

복잡하기는 해도 금융정보는 각종 서적과 경제뉴스를 통해 쉽게 얻을 수 있는
데, 역시 직접 경험해봐야 내것이 되기 쉬워요. 수많은 시행착오를 줄이기 위
해서 금융 회사 직원과 친해지면 좋아요.

　어렵고 복잡한 금융정보를 들여다봐야 될 때마다 '이건 내 길이
아니다' 싶은 생각이 들지는 않았는가? 금융맹 탈출을 꿈꾸다가도
작심삼일로 뒤돌아선 경험이 있다면 코미디언이자 영화감독인 심형

래 씨가 남긴 "못해서 안 하는 게 아니라, 안 하니까 못하는 겁니다" 라는 말을 전해주고 싶다.

신지식인은 산업화시대에서 정보화시대로 변화를 맞아 정보강국을 만들자는 취지로 1999년 처음 지정되었다. 산업화시대에는 노하우Know-how가 중요한 가치였다면 정보화시대에는 노웨어Know-where, 노후Know-who가 더 중요한 가치로 여겨지고 있다.

금융맹을 탈출하기 위해서 내가 모든 것을 다 알아야 된다는 생각을 버리자. 필요한 정보가 어디에 있는지, 나를 도와줄 전문가는 누구인지를 알아두는 것이 금융맹 탈출의 지름길이 될 것이다.

금융지식 보물창고, 파인

금융맹 탈출을 위한 첫걸음은 금융소비자 정보포털 파인(fine.fss.or.kr)'과 함께할 것을 추천한다. 파인FINE은 금융감독원에서 운영하고 있는 포털 사이트로 은행·카드·보험·증권·연금·소비자보호·금융 회사정보까지 모든 금융정보가 모여있는 곳이다.

파인이라는 이름은 다양한 의미를 담고 있다. Financial Information NEtwork의 약자, 금융을 의미하는 영단어 FINancE의 축약어, '좋은, 건강한' 등을 뜻하는 영단어 fine과 동음이의어다. 그 이름에 걸맞게 파인은 다양한 금융소비자를 위해 다양한 금융정보를 알기 쉽게 제공하고 있다.

일상생활에 유용한 금융정보를 요약한 '금융꿀팁'은 물론이고 '금융상품 한눈에' '보험 다모아' '내 계좌 한눈에' 같은 다양한 금융정보를 얻을 수 있다.

다양한 금융상품 경험이 더 중요하다

현재 시장금리가 5%라고 가정해보자. 시장금리가 5%라는 것은 A기업이 발행한 채권을 가지고 있으면 5%의 이자를 받을 수 있다는 의미다. 1년 뒤 시장금리가 10%로 오르고 A기업이 새롭게 발행한 채권을 갖게 되면 10%의 이자를 받을 수 있게 된다. 이때 기존

A기업이 5%로 발행한 채권을 가진 사람이 채권을 팔아야만 한다면 얼마나 받을 수 있을까?

새로운 채권을 사면 10%의 이자를 받을 수 있는데 이자가 5% 밖에 안 되는 채권을 제값에 사려는 사람은 없을 것이다. 그래서 구매자가 구입가 대비 10%의 이자를 받을 수 있도록 채권 가격을 낮춰야만 거래가 될 것이다.

이와 같은 일련의 과정을 이해하면 '금리가 오르면 채권 가격이 하락한다'는 금융지식을 얻게 된다. 그러나 시간이 흐르면 금리와 채권 가격이 정비례인지 반비례인지 기억이 가물가물해진다. 하지만 직접 채권형 펀드에 투자한 상태에서 금리 인상 가능성이 높다는 뉴스가 나온 다음 날 펀드 평가액이 감소한 것을 직접 확인한다면 '금리가 오르면 채권 가격이 하락한다'는 단순한 지식이 아니라 잊을 수 없는 기억이 된다.

다양한 금융지식을 체화시키기 위해서 적은 금액이라도 직접 금융상품을 이용해볼 것을 권한다. 금융투자를 직접 경험하면서 겪는 시행착오로 본인만의 노하우가 담긴 금융지식을 쌓을 수 있게 될 것이다.

거래하는 금융 회사 직원과 친분을 유지하는 것도 좋은 방법이 될 수 있다. 이미 금융투자에 대한 다양한 경험과 정보를 가지고 있는 사람들이기 때문에 서로 의견을 교환하며 시행착오를 줄여나가는 데 도움을 얻을 수 있기 때문이다.

부자의 99%는
금융지식에 강하다

금융지식을 쌓아나가면 부자가 될 수 있을까?
그렇다. 부자들은 금융지식에 강하다.

금융지식을 열심히 쌓아나가면 정말 부자가 될 수 있나요?

금융지식이 많다고 모두 부자가 되는 것은 아니지만, 대부분의 부자들은 금융
지식에 강한 경우가 많아요. 금융지식을 쌓고 실행하며, 부자들의 노하우에도
관심을 둔다면 부자의 길에 한걸음 더 가까이 갈 수 있어요.

"아는 만큼 보인다." 전 문화재청장인 유홍준 교수의 책 『나의 문
화유산답사기』를 통해 유명해진 말이다. 어떻게 하면 미술에 대한
안목을 갖출 수 있는지에 대해 "아는 만큼 느낄 뿐이며, 느낀 만큼
보인다"고 답한 부분에서 비롯되었다. 금융과 연관지어 보면 "금융

지식을 많이 알아야 투자수익의 기회가 많이 보인다"로 바꿔 말할 수 있다.

유홍준 교수는 '많이 아는 비결'에 대해 조선시대 한 문인의 글 속에서 답을 구해두었다고 했다. "사랑하면 알게 되고, 알면 보이나니, 그때 보이는 것은 이미 예전과 같지 않으리라." 부자들은 돈을 사랑하기 때문에 돈을 버는 방법에 대해 관심을 갖게 되고, 그래서 더 많은 금융지식을 갖게 된 것인지도 모르겠다.

아는 만큼 보이는 투자기회

'고위험High Risk'이라는 말은 부정적인 느낌을 주지만, '고수익High Return'이라는 말은 사람들의 시선을 끌어당기는 힘이 있다. 하지만 '고위험'과 '고수익'은 사실상 동전의 양면과도 같은 말이다.

금융투자상품을 통해 더 많은 '고수익'을 얻으려면 그에 상응하는 '고위험'을 감내해야 한다. 위험의 내용이 무엇인지 알고 이해하지 못하면 투자기회를 포기할 수밖에 없다. 하지만 위험의 내용을 제대로 이해했다면 고수익의 기회를 활용할 수 있는 것이다.

KB금융지주에서 발표한 '2018 한국 부자 보고서'를 보면 금융지식 수준이 높을수록 공격투자형이 많으며, 부자들의 금융지식 수준이 일반인 대비 월등하게 높은 것을 확인할 수 있다.

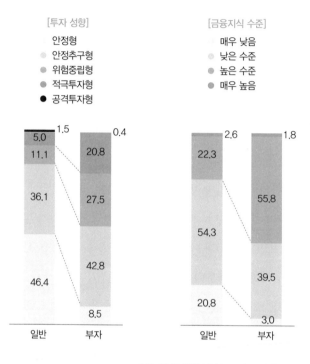

[투자 성향]
안정형
안정추구형
위험중립형
적극투자형
공격투자형

[금융지식 수준]
매우 낮음
낮은 수준
높은 수준
매우 높음

출처: 2018 한국 부자 보고서, KB금융지주 경영연구소

강남 사모님에겐 국민연금이 재테크 수단?

    1988년 도입된 국민연금의 의무가입 대상은 18세 이상 60세 미만의 소득이 있는 국민이다. 의무가입자는 아니지만 본인의 희망에 따라 국민연금 가입 신청을 한 사람을 임의가입자라고 한다.

    국민연금은 소득재분배 기능으로 인해 상대적 소득이 적은 사람이 더 많은 연금을 수령할 수 있고, 100세 시대에도 사망할 때까지 노령연금을 받을 수 있으며, 물가상승률을 반영해 연금수령액도 증가되는 등 일반 금융 회사의 연금상품과 비교할 수 없는 장점이 있다. 그러나 본인의 의사와 상관없이 의무적으로 가입해야 하고 최초 도입 이후 납부 금액은 늘리고 받는 금액을 줄이는 제도개선이 지속되면서 원망의 목소리가 늘고 있으며, 일각에선 국민연금 탈퇴나 폐지를 주장하기도 한다.

이런 불만의 목소리와 반대로 자발적으로 국민연금에 가입하는 임의가입자가 늘고 있다. 2017년 초 국민연금이 임의가입자를 분석한 결과를 보면 40·50대 여성이 전체의 74%를 차지했고, 강남구와 서초구에서 다른 지역보다 2배 이상 많은 임의가입자가 있는 것으로 나타났다. 소득이 없는 강남의 사모님들이 자발적으로 가입했다는 해석이 가능한 대목이다. 이 또한 부자들이 금융지식에 강하다는 증거가 아닐까 생각해본다.

⧗ 1분 금융 스터디

▶ 한국 부자 보고서 vs. 보통사람 보고서

'한국 부자 보고서'는 2012년부터 매년 KB금융지주 경영연구소에서 조사·발표하는 보고서로 금융자산 10억 원 이상인 부자들의 현황, 투자 포트폴리오 및 전망, 자산관리 인식, 미래준비 등의 내용을 담고 있다. 한편 '보통사람 금융생활 보고서'는 2017년부터 신한은행에서 조사·발표하는 보고서로 만 20세에서 64세까지의 취업자를 대상으로 9개 그룹으로 분류해 금융생활 행태를 소개한다.

‘고위험High Risk’이라는 말은 부정적인 느낌을 주지만,
‘고수익High Return’이라는 말은 사람들의 시선을 끌어당기는 힘이 있다.
하지만 ‘고위험’과 ‘고수익’은 사실상 동전의 양면과도 같은 말이다.

'나는 놀아도 내 돈은 일하게 해야지' PB센터를 거래하던 어느 고객이 했던 말이다. 제대로 된 금융지식은 내 돈이 열심히 일하고 수익을 데려올 수 있도록 도움을 주지만, 금융지식이 부족하면 투자수익을 얻을 기회를 놓치기 쉽다. 그뿐만 아니라 잘못된 금융지식은 부메랑이 되어 나에게 큰 위험이 될 수도 있다. 금융지식이 많은 사람들이 챙기고 있는 금융혜택, 나만 놓치고 있는 것은 아닌지 되돌아보자.

금융지식이
바로 돈이다

진짜 수익률
vs. 가짜 수익률

내가 알고 있는 그 수익률은

내 주머니로 오는 수익이 아닐 수 있다.

100만 원의 채권형 펀드에 1년 전 가입 한 후 수익률이 5%라서 환매했는데,
입금된 금액은 105만 원이 아닌 103만 원이에요. 잘못된 것 아닌가요?

펀드의 수익률은 투자원금 대비 증가된 금액을 표시합니다. 처음 가입시 1%
의 수수료가 차감되었다면 99만 원이 투자원금이 됩니다. 또한 수익에 세금이
붙는다면 실제 입금되는 금액은 세금만큼 줄어들게 됩니다.

"A에 투자하면 수익률 연 10% 지급, B에 투자하면 수익률 연 8%
지급"이라는 제안을 받는다면 어디에 투자하는 것이 합리적일까?
이때 A를 선택하는 것이 당연한 것일까? 앞의 질문에 'B는 비과세

상품'이라는 단서를 붙이면 결과는 달라지게 된다.

어떤 설명에 나온 수익률을 보고 그것이 투자한 원금 대비 실제 수령 금액이라고 생각하기 쉽다. 하지만 수수료나 세금은 내 주머니로 들어오지 않는다는 점을 꼭 유념해야 한다.

앞서 말한 A상품과 B상품에 1년간 투자했을 때 실제로 들어오는 수익을 계산하면 다음과 같다.

구분	투자원금	세전수익률	세전수익	세율	세금	세후수익	세후수익률
A상품	1,000	10%	100	40%	40	60	6%
B상품	1,000	8%	80	0%	0	80	8%

제시된 수익률 10%와 8%가 실제로 수령하는 수익이라고 생각했다면 실제 투자 결과를 받았을 때 어떨까? 제시된 수익률이 가짜 수익률이라고 생각할 수 있다.

안전한 금융상품으로 꼽히는 예금과 저축성보험을 비교할 때도 제시된 수익률과 실제 수익률이 다를 수 있다. 통상 제시된 수익률은 예금보다 저축성보험의 공시이율이 더 높다.

하지만 예금은 원금 전액에 대해 이자를 적용하지만, 저축성보험은 초기수수료가 차감된 금액에 공시이율이 적용된다. 그리고 예금은 이자수익에 대해 세금을 부담해야 하지만, 저축성보험은 일정한도 내에서 비과세를 적용받을 수 있다.

이와 같이 어떤 상품을 수익률로 비교할 때는 전체적인 손익을 모두 고려한 진짜 수익률을 찾아내 비교해야 한다는 점을 반드시 잊지 말자.

위험까지 고려한 수익률로 비교하자

여러 가지 투자안 중에서 하나를 선택하려면 수익률을 비교해 결정하는 것이 좋다. 하지만 어떤 수익률을 기준으로 비교하는가에 따라 결과가 달라질 수도 있다는 점을 각별히 유의해야 한다.

6개월 만기 정기예금에 100만 원을 가입하고 만기에 103만 원을 받았다면 총 3%의 수익을 얻는다. 만일 1년 만기 정기예금에 같은 금액을 가입하면 1년 후 역시 103만 원을 받아 총수익 3%를 얻는다. 여러분이라면 어떤 상품을 선호하겠는가?

총수익률이 동일하다고 1년 만기 예금을 택하지는 않을 것이다. 이처럼 수익이 기간경과에 비례하는 경우에는 연수익률로 환산해 표시하는 것이 일반적이다. 따라서 전자는 연수익률 6%, 후자는 연수익률 3%가 되어 수익률을 통한 비교가 쉬워진다.

한편 정기예금에 가입해 1년 뒤 3%의 수익을 얻는 것과, 주식에 1년 동안 투자해서 5%의 수익을 얻는 것 중 하나를 선택한다면 당신은 어떤 것을 선택할 것인가? 같은 기간 동안에 주식의 수익률이 더 높다고 해서 주식을 선택하겠는가?

예금은 상대적으로 원금손실 가능성이 거의 없다. 하지만 주식은 손실가능 위험이 큰 상품이다. 그런 위험에 대한 고려 없이 단순히 수익률로만 비교해서는 안 된다.

> ## ⧖ 1분 금융 스터디
>
> ▶ 퍼센트(%) vs. 퍼센트포인트(%p)
>
> %는 기존의 수량을 기준으로 해 증가된 수량을 백분율로 표시한 것이고, %p 는 %와 %의 차이를 나타낸 것이다. 예를 들어 현재 수익률이 5%에서 10% 더 상승한 다면 5.5%가 되는 것이며, 10%p 더 상승한다면 15%가 되는 것이다. %는 가장 기 본적으로 사용되는 수학기호이지만, %를 계산하는 기준을 정확히 확인하지 않 고, 결과 값만 비교하면 잘못된 결론을 내릴 수 있으므로 주의가 필요하다.

같은 펀드지만 다른 비용,
내게 맞는 클래스는?

노란색도 '노리끼리, 노르스름, 노릇노릇'이 다르듯
같은 펀드지만 클래스에 따라 보수와 수수료가 다르다.

같은 날, 같은 펀드에 똑같은 금액을 투자하고 3년 뒤 같은 날 해지했는데 제
각기 투자환급액이 달라요. 이럴 수 있는 건가요?

같은 조건이라 하더라도 하나는 적립식(C Class), 다른 하나는 거치식(A Class)
으로 다르게 선택했다면 수수료와 보수 차이로 인해 투자환급액이 달라질 수
있어요.

　　몇 해 전 한 온라인 커뮤니티에 '한국의 노란색 명칭'이라는 제목
을 단 게시물이 올라와 화제가 된 적이 있었다. 노란색을 채도에 따
라 노리끼리, 노르스름, 연노랑, 누런, 샛노랑, 노랑, 노릇노릇, 진노

랑, 찐노랑으로 구분해놓은 것이다. 영어로 하면 Yellow 하나일 텐데 한글이 자랑스럽다는 재미있는 반응도 있었다.

금융상품인 펀드도 같아 보이지만 노란색의 여러 가지 명칭 같이 클래스Class를 여러 가지로 분류해 서로 다른 보수와 수수료를 다르게 적용하고 있어, 이 특성을 잘 알고 펀드를 선택하면 투자비용을 아낄 수 있다.

펀드에 투자하게 되면 펀드 관리에 필요한 여러 가지 비용이 발생한다. 이런 비용들은 내가 투자한 금액에서 지급되기 때문에 비용이 크다면 그만큼 투자되는 원금이 줄어들게 되어 수익률이 낮아지게 된다. 지출되는 비용이 어떤 성격이며 얼마나 되는지 이해하면 비용을 줄여 수익률을 올리는 선택을 할 수도 있다.

비용은 크게 수수료와 보수로 나눌 수 있다. 먼저 수수료는 펀드 가입이나 환매시 판매사에게 지불하는 1회성 비용이다. 가입비 또는 탈회비 성격이라고 볼 수 있다. 가입시 수수료를 먼저 받는 선취 조건은 수수료만큼 투자원금이 줄고, 환매시점에 수수료를 받는 후취 조건은 상대적으로 투자원금을 높일 수 있는 특징이 있다.

펀드의 안정적 운영을 위해 단기 환매시 환매수수료를 부과하기도 한다. 보수는 펀드를 굴러가도록 하는 역할을 맡은 자에게 주기적으로 지급하는 비용이다. 즉 일종의 월급이라고 이해하면 된다. 투자 의사결정을 하는 자산운용사와 고객과의 접점에서 마케팅을 담당하는 판매 회사, 펀드의 사무처리를 담당하는 수탁 회사에게 지급된다. 이를 표로 정리해보면 다음과 같다.

구분			내용
총비용	수수료	선취	가입시 차감되며 차감 후 금액이 투자원금이 됨
		후취	환매시 차감되며 가입금액이 모두 투자원금이 됨
		환매	안정적인 운영을 위해 단기 환매시 부과하는 수수료
	보수	운용	투자의사결정을 하는 운용회사에 지급
		판매	고객 마케팅을 담당하는 판매회사에 지급
		수탁	투자대상 자산을 맡아서 보관하는 수탁회사에 지급
		사무관리	수익률 계산 등 사무처리를 맡은 회사에 지급
	기타 비용		주식매매 비용 등으로 지급

펀드 클래스에 따라 다른 비용

고급 수입차인 벤츠는 C클래스, E클래스, S클래스로 나뉘어져 있는데 알파벳 순서가 늦을수록 좀더 고급 사양을 나타낸다. 이와 유사하게 펀드의 이름을 잘 들여다보면 마지막에 알파벳을 붙여 클래스를 나누어놓았다.

클래스에 따라 운용전략이나 펀드매니저가 달라지는 것은 아니며, 단지 보수와 수수료를 각각 다르게 정하고 있을 뿐이다. 클래스를 나누어 보수와 수수료 비율을 달리 적용하는 것은 투자자들마다 투자방식에 따라 선호하는 비용체계가 달라지기 때문이다.

주요 펀드 클래스별로 다음과 같은 특성을 이해하면 동일한 펀

드에 투자하더라도 좀더 낮은 비용을 부담해 투자수익률을 높일 수
있다.

| 펀드클래스별 특징

주요 클래스	판매처	선취수수료	판매보수	비고
A	금융 회사 창구	O	낮음	장기투자자 유리
C	금융 회사 창구	X	높음	단기투자자 유리
E	금융 회사 온라인	X	더 낮음	장·단기 모두 유리 상담 기회 부족

보험상품의 중도해지를
피하는 방법은 무엇인가?

고자산가가 아닐수록 더 필요한 보험!
미리 계획하고 꼼꼼히 따져야 해약을 피할 수 있다.

내집 마련을 하기 위해 대출을 받아야 합니다. 대출이자를 부담하는 것보다 몇 해 전 지인의 권유로 가입한 연금저축 보험을 해약해서 내집 마련에 보태는 게 더 낫지 않을까요?

장기상품인 보험은 중도해지를 하면 손해가 크고, 여유가 있을 때 다시 가입한다고 해도 수수료를 또 부담해야 합니다. 보험을 가입한 목적을 떠올려보시고, 해지보다는 약관대출 등을 활용하세요.

"공든 탑이 무너지랴"라는 속담을 들어봤을 것이다. 정성을 다한 일은 그 결과가 헛되지 않다는 뜻이다. 하지만 현실에서는 공든 탑이 무너지는 경험도 하게 된다. 힘든 수험생활을 버티고 버텨도 원하는 대학에 가지 못하거나, 힘들게 몇 년을 준비해도 원하는 회사에 취업하기도 쉽지 않으니 말이다. 하지만 그래도 공든 탑이 무너지는 걸 막으려면 좀더 열심히 공을 들이는 방법 밖에는 없는 듯하다.

사람이 이 세상에 태어난 것은 확률적으로 봤을 때 경이로운 일이다. 수천억 개가 넘는 정자와 수백 개의 난자 중 하나가 만나 일어난 일이기 때문이다. 그 어려운 확률을 뚫고 세상에 나왔기 때문인지 우리는 번개 맞을 확률보다 낮다는 로또 당첨을 그렇게도 꿈꾸는지 모른다.

하지만 아이러니하게도 우리는 60%의 확률에 해당될 수 있다는 것에 대해서는 무감각한 것 같다. 그것은 바로 보험상품에 관한 이야기다.

금융위원회와 보험개발원에 따르면 2013년도 기준 보험계약 10건 중 5년 안에 중도해지하는 비율이 60%에 달한다고 한다. 암보험은 해약률이 45%였지만 연금보험, 종신보험, 변액보험 모두 해약률이 60%를 넘는 것으로 나타났다.

보험상품은 납입하는 동안 위험을 보장받기는 하지만 중도해지를 하면 해약환급금이 적거나 받지 못할 수도 있기 때문에 중도해지는 하지 않는 것이 유리하다. 따라서 손해를 최소화하려면 가입하기 전부터 중도해약을 할 가능성이 아주 높다는 전제하에 자신에게 꼭 필요한 보험인지를 면밀히 따져보는 것이 좋다.

공들여 배워야 중도해지를 막는다

인터넷을 통해 보험에 가입하는 경우가 증가하고는 있지만 아직까지는 보험계약이 가족이나 친척, 지인 등의 소개로 체결되는 비중이 높은 것이 현실이다. 보험연구원에 따르면 보험설계사를 통한 보험 가운데 지인을 통한 계약이 87.6%라고 한다.

상황이 이렇다 보니 '나의 필요에 의해서'라기보다는 '주변에 권유에 의해서' 보험에 가입했다가, 경제적 여유가 없는 상황이 되면 '내가 필요해서' 가입한 것이 아니기 때문에 상대적으로 쉽게 중도해지로 이어지는 것이다.

보험은 미래에 다가올 위험을 재무적으로 대비하는 상품이기 때문에 고자산가보다는 일반인에게 더욱 필요하다. '나에게 꼭 필요한 보험'이 어떤 것인지, 보험 가입 전에 꼭 알아야 할 것은 무엇인지를 먼저 고민한다면 지인을 통해 가입하더라도 중도해지할 가능성을 낮출 수 있다. '나에게 필요해서' 가입했기 때문이다.

손해를 막는 필수 보험상식

- 청약철회권리: 보험계약에 서명한 후 마음이 바뀌어도 보험증권을 받은 날부터 15일 이내, 청약한 날부터 30일 이내라면 아무런 불이익 없이 해지할 수 있는 권리를 말한다.

- 품질보증해지권리: 계약시 3개 기본원칙(① 고객 자필서명, ② 청약서 사본 전달, ③ 약관교부 및 설명의무)가 지켜지지 않았다면, 아무 불이익 없이 보험계약을 취소할 수 있으며, 납부한 보험료와 이자상당액을 돌려받을 수 있는 권리를 말한다.

- 보험료 감액완납 제도: 보험료 납입이 어려울 경우 해당 시점의 해약환급금을 일시납 보험료로 전환해 보험의 보장내용을 유지할 수 있는 제도다. 보험의 보장금액은 줄어들지만 보장 자체는 유지할 수 있어, 해약으로 인한 불이익을 보완할 수 있다.

- 보험계약 부활 권리: 보험료 미납으로 해지된 계약이라도 해약환급금을 받지 않았다면 해지 후 3년 이내(2016년 4월 1일 이전 계약은 2년 이내)에 미납보험료와 연체이자를 납부하고 계약을 다시 정상계약으로 되돌릴 수 있는 권리다. 단, 실효기간 동안의 보험사고는 보장하지 않는다.

웃으면서 세금내는 방법,
신용카드 국세납부

신용카드로 국세를 납부하면 수수료를 내야 하지만
항공마일리지를 활용하면 나도 퍼스트클래스!

사업자인 부모님께서 소득세를 많이 내시는데, 신용카드로 세금을 납부하면
별도로 수수료를 내야 해서 오히려 손해 아닌가요?

그렇게 생각할 수 있습니다. 하지만 가족들을 포함해 국제선 항공기를 자주
이용한다면 항공마일리지 적립을 활용해 훨씬 유리한 조건으로 바꿀 수도 있
어요.

미국 100달러 지폐의 주인공인 벤저민 프랭클린은 "인간이 피할
수 없는 것 2가지 중 하나는 죽음이고, 또 하나는 세금"이라는 유명
한 말을 남겼다. 미국뿐만 아니라 우리나라에서도 피할 수 없는 세

금을 노래하는 글을 본 적이 있다.

'태어났더니 주민세, 피땀 흘려 일했더니 소득세, 퇴근하고 한 잔했더니 주류세, 껌하나만 사도 부가세, 있는 놈은 탈세, 이래저래 죽어나는 건 날세.'

"피할 수 없으면 즐기라"는 말도 있다. 마찬가지로 피할 수 없는 세금을 즐겁게 낼 방법을 알아보자.

직장인은 회사가 월급을 줄 때 세금을 세무서에 대신 납부하는 방식이기 때문에 직접 세무서에 세금을 낼 일이 거의 없다. 하지만 사업자는 매월 원천세, 분기 단위로 부가가치세, 반기 단위로 소득세를 납부하는 등 세금 낼 일이 많다.

국세청에서는 일시적으로 자금난을 겪는 납세자의 납부 편의를 위해 2008년 10월부터 신용카드로 국세를 납부하는 제도를 도입했다. 도입 초기에는 신용카드로 납부할 수 있는 금액이 200만 원에 불과했지만 500만 원, 1천만 원으로 점차 확대하다가 2015년부터는 한도 제한 없이 납부할 수 있도록 변경되었다.

한편 일반 신용카드 결제시에는 별도로 수수료를 부담하지는 않지만 신용카드 국세 납부의 경우에는 납세자가 신용카드 0.8%, 체크카드 0.5%의 수수료를 별도로 부담해야 한다. 신용카드로 국세 납부시 연체로 인한 가산금을 납세자가 부담하지 않는 이익이 있는 점과 신용카드 수수료를 국세청이 부담하면 국세를 현금으로 납부하는 국민과의 형평성 문제가 있기 때문에 납세자가 수수료를 부담하도록 국세기본법에 정해놓았기 때문이다.

자금여유 있어도 카드 납부가 유리할 수 있다

국세를 신용카드로 납부할 때 추가로 내야 하는 0.8%의 수수료는 부담이 된다. 하지만 실제 결제일까지 약 1개월 간의 기회수익과 항공마일리지 적립혜택을 활용하면 세금납부가 오히려 즐거운 일이 될 수도 있다.

일반적으로 항공마일리지 적립 혜택이 있는 신용카드는 결제금액 1천 원당 1마일을 적립해준다. 하지만 대부분의 국세 납부는 적립대상에서 제외하고 있거나 일정금액 초과시 적립 혜택이 없는 경우가 많다.

카드사별로 국세 납부 금액에 대해 한도제한 없이 마일리지는 적립해주는 카드들이 있어 세금 납부시 이런 카드를 활용해볼 것을 추천한다. 각 지역별 왕복항공권은 적립된 항공마일리지를 활용해 무료로 이용할 수 있다.

신용카드를 통한 국세 납부액 합계가 1억 6천만 원이라면 0.8%의 수수료로 128만 원을 부담하게 된다. 그렇지만 이때 적립된 마일리지 16만점을 활용하면 1,325만 원 상당의 뉴욕 왕복항공권을 퍼스트클래스로 무료 이용할 수 있게 된다. 이를 간단히 말하자면 이코노미클래스 가격도 안 되는 돈으로 퍼스트클래스를 이용할 수 있게 되는 것이다.

항공마일리지 사용시 가족끼리 합산해 사용하거나, 좌석 등급 업그레이드에도 사용할 수 있다는 장점이 있지만 마일리지 무료항공

권은 좌석수 제한 등으로 원할 때 사용하기 어려운 점도 알아둘 필
요가 있다. 어쨌든 금융상품에 대한 지식을 활용하면 세금마저도 즐
겁게 납부하는 것이 가능하다.

차명 금융거래,
요구도 승낙도 위험하다

차명으로 금융거래를 하는 것은 불법이다.
누군가 차명요구를 한다면 당당하게 거절하자.

사업을 하는 친적이 자금관리에 필요하다며 제 이름으로 통장을 하나 만들어
달라고 부탁합니다. 대출도 아닌 예금인데 별 문제 없겠지요?

과거에는 관행적으로 차명거래를 하기도 했지만, 2014년 11월 29일부터는
금융실명법이 개정되어 명의를 빌린 사람과 빌려준 사람 모두 '5년 이하의 징
역 또는 5천만 원 이하의 벌금'의 처벌을 받을 수 있어 주의가 필요합니다.

　　범죄를 저질러 형사처벌을 받게 되면 "호적에 빨간줄 그인다"는 표
현을 쓰는 경우가 있다. 이 표현은 일제 강점기때 일본형사들이 조선
의 독립투사를 불순분자로 관리하기 위해 호적에 빨간색 표식을 한

것에서 유래했다는 설이 있는데, 실제로 호적에 빨간줄이 그이는 것은 아니다. 그렇다 하더라도 주차위반 과태료 같은 행정처벌과 달리 형사처벌은 전과기록으로 남는 중요한 문제이며, 이제는 차명거래 금지법을 위반하면 형사처벌을 받을 수 있어 주의가 필요하다.

금융실명제는 1993년 8월 12일부터 김영삼 대통령의 긴급재정명령 형식으로 도입한 후에, 1997년말 '금융실명 거래 및 비밀보장에 관한 법률(이하 금융실명법)'로 법제화되었다. 당시 금융실명법에서는 다음과 같이 과징금과 고율의 세금을 부과하도록 제재 규정을 두고 있었다.

- 과징금: 법 시행 전 개설된 차명 금융재산을 법 시행 후 최초로 실명으로 전환하는 경우, 긴급명령 시행일 현재의 금융자산가액 50%를 과징금으로 징수함
- 고율 차등과세: 차명 금융자산에서 실명전환일까지 발생한 소득에 대해 99%의 세율로 원천징수하고, 종합소득에 합산하지 않음

그러나 금융실명제 시행 이후 새롭게 개설된 계좌의 경우 과징금은 이를 명시적으로 제재할 규정이 없고, 고율 차등과세의 경우도 '타인의 실명을 이용한 거래'도 실명거래이므로 제재할 수 없다는 견해와 '실제 소유자와 달라' 차명거래로 제재해야 한다는 의견이 나뉘고 있다.

현재 국회에 제출된 금융실명법 개정안은 이러한 논란 없이 '과징

금 20%, 명확한 고율 차등과세 적용'의 내용을 담고 있다.

한편 2014년 11월 29일 개정된 금융실명법은 불법재산의 은닉, 자금세탁 행위, 강제집행 회피, 그 밖의 탈법행위 목적의 차명거래는 금지하며, 이를 위반하는 경우 5년 이하의 징역이나 5천만 원 이하의 벌금에 처하도록 정하고 있다.

차명거래 예외도 있다, 없다?

금융실명법에서 금지대상으로 정하고 있는 '그 밖의 탈법행위'는 불법재산 은닉, 자금세탁행위, 강제집행 면탈 등과 같은 위법성의 정도에 이르는 것을 의미하는데, 구체적으로 예를 들면 다음과 같은 내용이 해당된다.

- 채권자들의 강제집행을 회피하기 위해 타인 명의 계좌에 본인 소유 자금을 예금하는 행위(강제집행 면탈)
- 불법도박자금을 은닉하기 위해 타인 명의 계좌에 예금하는 행위(불법재산 은닉)
- 증여세 납부 회피를 위해 증여세 감면 범위를 초과해 본인 소유 자금을 가족 명의 계좌에 예금하는 행위(조세포탈행위)
- 금융소득종합과세 회피를 위해 타인 명의 계좌에 본인 소유 자금을 예금하는 행위(조세포탈행위)

- 생계형저축 등 세금우대 금융상품의 가입한도 제한 회피를 위해 타인 명의 계좌에 본인 소유 자금을 분산 예금하는 행위(조세포탈행위)

한편 탈법 목적으로 볼 수 없는 아래의 거래들은 차명거래라 하더라도 규제대상에 해당되지 않는다.

- 계·부녀회·동창회 등 친목모임 회비를 관리하기 위해 대표자(회장, 총무, 간사 등) 명의의 계좌를 개설하는 행위
- 문중, 교회 등 임의단체 금융자산을 관리하기 위해 대표자(회장, 총무, 간사 등) 명의의 계좌를 개설하는 행위
- 미성년 자녀의 금융자산을 관리하기 위해 부모 명의의 계좌에 예금하는 행위

⌛ **1분 금융 스터디**

▶ 금융실명제

금융 회사와 거래시 가명이나 차명이 아닌 본인의 실명으로 거래하는 제도다. 1993년 8월 13일부터 '금융 실명제 실시에 관한 대통령 긴급 재정 경제 명령'으로 시행되었으며, 정식 법 명칭은 '금융실명 거래 및 비밀보장에 관한 법률'이다. 2014년 12월 1일부터는 다른 사람의 실명을 빌리는 차명 거래도 일절 금지함으로써 '차명거래 금지법'이라 불리기도 한다.

원하든 원하지 않든 당신은 이미 국세청과 동업자다.
절세에 무관심하면 당신의 몫이 줄어들게 된다.
세금은 부자들에게 해당되는 일이라고 외면했다면 다시 생각해볼 시간이다.

금리는 은행 금리와 부동산 가격, 주식, 채권, 환율, 물가 등 모든 경제 활동 곳곳에 영향을 미치고 동시에 경제 전반에 영향을 받아 결정된다. 따라서 금리를 이해하는 것으로 현재의 경제 상황을 이해하고 미래의 상황을 예측하는데 도움이 될 것이다. 금리는 무엇이고, 어떤 종류의 금리가 있고, 금리가 오르거나 금리가 내려가면 어떤 영향이 있는지, 내 생활에 어떤 영향을 주는지 하나씩 알아보자.

경제의 흐름을
꿰뚫고 싶다면
금리부터 알자

왜 사람들은
금리에 울고 웃나?

금리 변동에 누군가 웃고 있다면
분명 반대편에서 우는 사람도 있다.

할머니께서 IMF 때는 정기예금금리가 연 20%까지 올라서 좋았는데, 요즘은
금리가 너무 낮고 물가상승까지 생각하면 예금할수록 손해라며 불평하시네
요. 금리가 높으면 무조건 좋은 건가요?

당시 금리가 높아 예금이나 채권을 보유한 사람들은 높은 이자에 만족했지만
높은 금리 영향으로 부동산 가격이 급락하고, 많은 기업이 높은 대출이자를
감당하지 못해 부도를 냈지요. 금리가 영향을 미치는 곳이 워낙 많아 급격한
금리 변동은 부작용을 불러올 수 있어요.

금리는 은행의 예금금리와 대출금리, 지하철 요금, 아파트 가격,
기업의 이익, 주식시장, 물가, 환율 등 모든 경제 활동에 중요한 영

향을 미치고 있다. 금리가 어떤 영향을 미치는지 구체적으로 살펴보자.

주택 구입 자금으로 1억 원을 대출받은 A씨는 연 2.8% 6개월 변동금리로 대출이자를 매월 약 23만 원정도를 내고 있다. 그러나 최근 기준금리 상승 영향으로 대출금리가 연 3.3%로 올라 대출이자가 매월 27만 5천 원으로 올랐다.

즉 매달 4만 5천 원의 소비 여력이 줄어들게 된 것이다. 은행에서 대출을 받은 기업도 마찬가지로 이자비용 부담이 늘어 수익이 줄어들게 된다.

일반적으로 금리는 부동산시장, 주식시장과 역의 관계에 있다. 금리가 오르면 대출을 활용해서 매수하는 부동산 경기에 부정적 영향을 주며, 주식시장에도 높은 금리를 주는 안전한 예금으로 자금이 이동하는 계기가 될 수 있기 때문이다.

물가상승률과 보조를 맞추는 완만한 금리 상승은 부동산 및 주식 같은 자산시장에 긍정적 영향을 준다. 하지만 급격한 금리 인상은 가계와 기업을 위축시키는 계기가 될 수 있다.

반면에 금리가 내려가면 부동산 수요를 자극해 부동산 경기 활성화에 영향을 주며, 주식시장으로도 자금이 이동하는 계기가 될 수 있다.

물가 안정을 위해 금리를 움직인다

물가 안정은 돈의 가치를 지키는 것이다. 1천만 원을 금리가 2%인 1년 만기 정기예금에 납입할 경우 1년 후 20만 원의 이자를 받게 되는데, 이때 2%를 명목금리라고 한다. 그런데 그 사이 물가가 5% 올라서 1천만 원에 살 수 있었던 경차가 1,050만 원으로 올랐다면, 물가상승률을 반영한 실질금리는 사실상 마이너스다.

이렇듯 물가 상승이 가파르면 사람들의 저축 욕구가 낮아지며 경제 전반에 악영향을 끼치므로 중앙은행은 금리를 통해 물가를 안정시킨다. 즉 물가가 너무 높으면 금리를 높여서 시중에 풀려 있는 자금을 흡수해 물가를 낮춤으로써 또한 물가가 너무 낮아도 경제에 악

| 소비자물가 전년대비 상승률 vs. 국고채 3년 금리

출처: 한국은행

영향을 미치기 때문에 금리를 낮춤으로써 시중에 자금을 풀어 물가를 목표치만큼 높이려 한다.

경기에 따라 금리를 움직인다

경기가 너무 침체되어 있다고 판단되면 금리를 인하해 자금을 풀어 경기를 부양하고, 경기가 과열 상태라고 판단되면 금리를 인상해 자금을 흡수함으로써 경기를 진정시킨다. 미국의 경우를 보면 2007년 서브프라임 모기지 사태 이후 2015년까지 경기 부양을 위해 금리를 단계적으로 낮추었고, 경기 정상화 과정으로 2015년부터 금리를 단계적으로 인상하고 있다.

경기를 부양하기 위해 금리를 활용하지만 저금리를 장기간 지속할 수는 없다. 저금리가 지속되면 자산시장에 거품이 발생할 수 있고, 거품이 붕괴될 경우 가계와 기업 경제 전반이 심각한 위험에 빠질 수 있기 때문이다.

저금리로 쌓여있던 거품을 빼기 위해 미국 연방준비제도이사회 FRB는 2004년부터 점진적으로 기준금리를 인상하기 시작했는데, 이를 계기로 미국 부동산 버블이 꺼지기 시작하면서 대형 금융사들의 파산으로 이어졌다. 이것은 세계적인 신용경색을 가져왔고, 전 세계 주식시장에 대폭락을 발생시켰다.

70

⧖ 1분 금융 스터디

▶ 서브프라임 모기지 사태(Subprime Mortgage Crisis)

미국의 주택담보대출(Mortgage Loan)은 프라임(prime), 알트-A(Alternative-A), 서브프라임, 이렇게 3등급으로 구분된다. 이 중 서브프라임은 신용도가 일정 기준 이하인 저소득층을 상대로 한 주택담보대출로 프라임 등급보다 높은 금리가 적용된다. 금리 상승으로 저소득층의 연체가 급증하며 금융 회사가 파산하면서 세계적인 경기침체로 이어졌다.

금리란 무엇이고
어떻게 결정되는가?

중요한 건 알겠는데 이해가 잘 안 되는 금리!
금리야, 넌 누구니? 그 정체를 알아보자.

정부가 돈을 찍어낸다고 들었습니다. 종이로 돈을 찍어내는 건 어렵지 않을
텐데, 국민이 원하는 만큼 많이 찍어서 마음껏 쓰도록 나눠주면 안 될까요?

돈이 너무 흔해지면 그만큼 돈의 가치는 하락하게 됩니다. 같은 물건을 사더
라도 더 많은 돈이 필요해지고, 결국 돈을 한 박스로 가져가도 빵 하나를 못사
게 될지도 몰라요.

경제 전반에 영향을 받아 금리가 결정되고, 또한 금리를 매개로
해서 경제 전반에 영향을 미치게 되므로 금리를 이해하는 것은 매우
중요하다. 금리는 돈의 사용가치를 나타내는데, 원금에 지급되는 기

간당 이자를 비율(%)로 표시하는 것이 일반적이다. 보통 금리는 이자율과 동일한 의미로 사용하는데, '금리 부담이 크다' 같이 경우에 따라서는 이자율이 아닌 이자금액으로 표현되기도 한다. 돈을 빌려 쓸 때 내는 임대료라고 금리를 이해해도 좋다.

남의 돈을 빌려쓰면 원금에 이자를 계산해서 원금과 함께 갚아야 한다. 돈을 빌리는 대가를 주는 것이 금리이고, 즉 돈의 사용료다. 여유 자금을 쓰지 않고 참아주는 것을 보상하는 것과 돈을 빌려주는 기간 동안 물가가 올라 돈의 가치가 떨어져 손해 볼 위험성을 보상하는 것, 돈을 떼일 위험에 대한 보상이 합해진 것이 바로 금리라고 볼 수 있다.

따라서 돈을 오랫동안 빌려줄수록, 못 돌려받을 위험성이 있는 곳에 돈을 빌려줄수록 금리는 높아지게 된다. 신용도가 좋은 사람들이 돈을 빌릴 수 있는 은행 대출금리가, 신용도가 상대적으로 낮은 사람이 돈을 빌릴 수 있는 제2금융권 대출금리보다 낮은 이유다.

금리는 어떻게 결정되는가?

일반적으로 상품은 수요와 공급에 따라 가격이 정해진다. 금리는 돈을 빌리는 자금의 사용료다. 따라서 이론적으로 금리도 자금의 공급과 수요에 따라 결정되며, 돈의 수요가 공급보다 많으면 금리는 오르고, 자금의 공급이 수요보다 많으면 금리는 하락한다.

경기 전망이 좋아 기업투자 수요가 활발해지면 자금의 수요가 많아질 것이고, 수출이 잘 되어 많은 외화가 들어와 원화로 환전되면 자금의 공급이 늘어날 것이다. 정부가 채권을 매입해 시중에 돈을 풀면 통화 공급이 많아져 금리는 내려갈 것이고, 물가가 상승세일 때는 금리가 더 높아져야 사람들이 저축을 한다. 중앙은행이 돈을 찍어 통화량을 공급하거나 외국인 투자자금이 유입될 경우 역시 통화 공급이 확대되는 경우다.

대한민국 금융기관의 금리 표시 방법은 모두 연리와 세전 금리 표시다. 금리 앞에 '연'이란 글자가 있으며, 이것은 1년분의 이자 총액을 원금으로 나눈 것이다. 1천만 원을 연 이율 1.9%인 정기예금에 3년간 가입한다면 이자는 57만 원이고(1천만 원×연이율 1.9%×3년), 세금 8만 7,780원을 제외한(15.4% 세금을 원천징수) 10,482,220원을 3년 후에 받게 된다.

금리의 종류에는
어떤 것들이 있나?

복리·단리, 기준금리·시장금리, 명목금리·실질금리….
알쏭달쏭한 여러 가지 이름의 금리들, 그것이 궁금하다.

이런 설명을 들은 적이 있습니다. "2%의 낮은 명목금리에, 세금 내고 3%의 물가상승까지 고려하면 실질금리는 마이너스입니다." 명목금리, 실질금리… 무슨 금리가 이렇게나 많나요? 이걸 다 알아야 하나요?

넓은 의미의 금리 한 가지만으로는 정확한 정보 전달이 어렵습니다. 금리는 금융공부의 가장 기초입니다. 금리의 여러 종류에 대해 조금씩 천천히 배워나간다면 금융지식을 쌓는 데 큰 도움이 됩니다.

"날씨가 거시기 하니까, 거시기 좀 가져와"라는 말이 무슨 뜻인지 이해가 되는가? 평소 '거시기'의 활용법에 익숙한 사람이라면 '날씨가 흐리니, 우산 좀 가져와'라는 뜻을 금방 알았겠지만, 그렇지 않은 사람은 무슨 뜻인지 알기가 어렵다.

금리도 마찬가지다. 금융에 대한 이야기를 할 때 다양한 상황에 대한 설명을 금리 하나로만 전달하는 것은 어렵다. 그래서 장기금리·단기금리, 기준금리·시장금리, 명목금리·실질금리 등 여러 종류의 금리의 의미를 잘 알아두어야 금융을 이해하기 쉽다.

금리의 다양한 모습들

단기금리와 장기금리

단기금리는 1년 미만, 장기금리는 1년 이상 금리를 말한다. 대체로 장기금리는 단기금리보다 금리 수준이 높다. 소비를 통해 얻을 수 있는 효용을 포기하는 대신에 높은 금리가 적용되는 것이다.

하지만 재정위기나 금융위기가 발생하게 되면 단기자금에 대한 수요가 증가하면서 단기금리가 더 높은 '금리 역전 현상'도 발생한다. 이런 이유로 장단기금리 차이는 향후 경기를 예측하는 데 중요한 하나의 지표로 활용되고 있다.

기준금리와 시장금리

기준금리(정책금리)는 금융정책 당국이 시장금리 변동을 유도하기 위해 금융통화운용위원회에서 결정하는 금리다. 금융정책당국에서 기준금리를 인상 또는 인하하면 시장금리도 동반해서 움직이는 경향이 있다. 경기 불황국면에서는 기준금리를 인하해 시장금리 하락을 유도하고, 경기 과열국면에서는 기준금리를 인상해 시장금리의 상승을 꾀한다.

명목금리와 실질금리

명목금리는 표시되는 금리이고, 명목금리에서 물가상승률을 차감한 것이 실질금리다. 자산시장에서는 투자를 통해 얻을 수 있는 수익률의 정확한 계산을 위해 명목금리보다 물가상승률을 공제한 실질금리가 더 중요하다. 명목 금리보다 물가상승률이 높다면 실질금리는 마이너스가 되고 사실상 손해를 보기 때문이다.

고정금리와 변동금리

고정금리는 약속한 기간 동안 시중금리가 변해도 처음 설정된 이자율이 변하지 않는 것을 의미하고, 변동금리는 약속한 기간 동안 일정한 주기로 시중금리에 따라 이자율이 계속 변하는 것을 의미한다.

금리 상승기에 예금의 경우 일반적으로 만기 기간을 짧게 해서 재예치하는 것이 유리하다고 생각할 수 있지만, 가입 시점에 단기와 장기 예금금리차와 향후 금리 상승폭을 예상 비교해서 결정해야 한다. 마찬가지로 금리 상승기에 대출금리 결정시 고정금리(5년마다 변동되며 5년간 고정)가 유리하다고 생각할 수 있지만, 대출 취급시 고정금리와 변동금리의 차이폭과 향후 금리 상승 예상폭을 비교해서 결정해야 한다.

단리와 복리

예금을 할 경우 금리를 단리식으로 계산하는지, 아니면 복리식으로 계산하는지에 따라 만기때 받는 금액이 달라진다. 단리는 원금에만 이자가 적용되고, 복리는 원금과 이자에 모두 적용된다. 단기적으로는 별 차이가 없지만 장기적으로 운용되거나 금리가 높을수록 복리식 계산일 때 돈이 빠른 속도로 불어나게 된다.

연차	원금	연 2% 단리	연 2% 복리
1년차	10,000,000	10,200,000	10,020,000
2년차	10,000,000	10,400,000	10,040,808
3년차	10,000,000	10,600,000	10,612,080
4년차	10,000,000	10,800,000	10,824,321
5년차	10,000,000	11,000,000	11,040,808

 1분 금융 스터디

▶ 원금이 2배가 되는 시간, 72의 법칙

72의 법칙은 복리금리로 계산했을 때 투자 원금이 2배가 되는 기간이다. 내가 투자한 상품으로 원금의 2배를 모으는 데 걸리는 시간을 알고 싶다면 '72/수익률'로 계산하면 된다. 예를 들면 현재 1천만 원을 연 2% 정기예금에 복리로 투자했다면 2천만 원이 되는데 36년(72/2)이 걸린다. 만약 연 4% 수익률로 투자한다면 18년(72/4)이 걸리게 된다. 72의 법칙에서 복리금리의 힘을 느낄 수 있다.

예금금리와 대출금리가
차이나는 이유는 무엇인가?

대출이자가 예금금리보다는 높아야
은행이 그 마진으로 제대로 굴러간다.

금리 상승기에 접어들면서 은행의 순이자 마진(NIM) 확대로 은행주가가 상승
했다는 뉴스를 봤어요. 순이자 마진이 무엇인가요?

자산을 운용해서 낸 수익에서 조달비용을 차감한 은행 수익력의 지표를 순이
자 마진(NIM)이라고 부르며, 예금과 대출금리 차이가 확대될수록 커지게 됩니
다. 은행 수입의 가장 큰 부분을 순이자 마진이 차지하고 있습니다.

  금리 상승기에 예금금리는 더디게 올리면서 대출금리는 빨리 올
린다는 말과 예대마진NIM의 확대로 은행 수익이 좋아졌다는 말, 금
리 상승기에 은행 업종의 주가가 상승한다는 말 모두 예대마진의 차

이에 근거한 말들이다.

예금금리는 고객이 은행에 예금을 할 때 적용되는 금리다. 가장 금리가 낮은 보통예금부터 가장 높은 정기예금까지 예금의 종류마다 각 금융기관의 자율에 따라 금리가 다르게 정해진다. 통상 입출금이 자유로운 유동성이 높은 예금은 이자가 낮으며, 예금의 거치기간이 긴 것일수록 높은 금리를 준다.

| 2018년 9월 23일 은행 예금 기준금리

종류	금리(연)
입출금 통장	0.1%
3개월 정기예금	1.2%
6개월 정기예금	1.3%
12개월 정기예금	1.4%

출처: 한국은행

대출금리는 은행이 돈을 빌려줄 때 적용되는 금리다. 통상 대출금리가 예금금리보다 높으며, 대출금리는 '기준금리+가산금리'로 나타낼 수 있다. 대출 기준금리는 코픽스COFIX, Cost of Funds Index(자금조달비용지수)와 시장금리인 MORMarket Opportunity Rate 금리가 있다.

주택담보대출의 기준금리가 되는 코픽스 금리는 전국은행연합회에서 매월 신규 취급액 기준 코픽스와 잔액기준 코픽스를 고시하며, 은행이 조달한 수신상품의 금리를 가중 평균한 값이다.

신용대출과 담보대출의 기준금리가 되는 시장금리$_{MOR}$는 금리 재산정주기가 3개월인 경우 CD 91일물 유통수익률을, 6개월 이상인 경우 금융채 AAA등급 채권시장수익률을 사용한다. 위에서 설명한 기준금리에 아래와 같은 가산금리가 붙어 최종 금리가 결정되는 것이다.

가산금리

= 업무원가(인건비, 물건비 등) + 법적비용(기금 출연료 등) + 리스크 프리미엄 + 유동성 프리미엄 + 신용 프리미엄(예상 손실 비용) + 목표 이익률(은행이 책정한 이익률) + 가감 조정금리(급여이체 실적, 신용카드 사용 등에 따른 할인)

대출금리가 예금금리보다 높은 이유

은행의 주된 수익원은 예금과 대출의 차이인 예대마진이다. 국내 은행 총이익에서 이자이익이 차지하는 비중은 80% 이상이다. 고객에게서 돈을 받는 수신금리에 가산금리를 붙여 자금을 대출해주므로 대출금리가 높다.

가산금리에는 빌려준 대출금을 떼일 확률과 은행 운영비, 적정 마진율 등이 포함되어 있다. IMF 때처럼 많은 기업이 부도가 나거나 개인 파산이 많아서 또는 담보로 설정되어 있는 부동산의 가격 하락으로 대출금을 돌려 받지 못하게 될 때 은행이 부도 위험에 빠질 수 있는 것에 대비해 대손충당금을 쌓아놓는다.

빌려준 돈을 못 받을 확률이 커지는 단계에 따라 정상, 요주의, 고정, 회수의문, 추정손실로 분류하고 은행이 부도 위험에 빠질 수 있는 것에 대비해 미리미리 이익을 모아두는 것이다. IMF 시기에 대기업에 빌려준 대출금을 받지 못해 문 닫은 은행이 더이상 발생하지 않게 방지하는 것이다.

| 은행 수신금리와 대출금리 추이

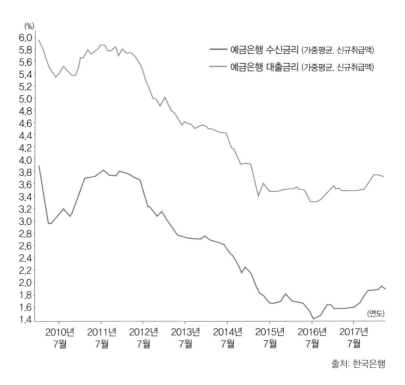

출처: 한국은행

어려운 자영업자와 여유 없는 가계에 대출금이자를 받아 예금금리와 대출금리의 차이를 이용해 땅 짚고 헤엄치는 식의 쉬운 영업으로 은행이 많은 수익을 내고 있다고 비판을 받기도 한다. 하지만 국가 경제에서 은행은 매우 중요한 역할을 하므로 예대마진의 수익성을 기반으로 부실화되지 않도록 건전성과 안정성에 우선순위를 두고 운용된다.

⏳ 1분 금융 스터디

▶ 코픽스(Cost of Funds Index: 자금조달비용지수)

은행의 자본조달 비용을 반영한 주택담보대출 기준금리로 은행연합회에서 산출한다. 종전에 대출 기준금리 역할을 했던 양도성예금증서(CD) 금리가 시장금리를 제대로 반영하지 못한다는 지적에 따라 코픽스 금리가 도입되었다. 코픽스는 계산 방법에 따라 잔액 기준과 신규 취급액 기준이 있으며, 금리 상승기에는 잔액기준 코픽스가 신규 취급액 기준 코픽스보다 유리하다.

중앙은행이 금리 조절로
얻고자 하는 것은 무엇인가?

댐 수위 조절로 홍수와 가뭄의 피해를 최소화하듯
중앙은행은 금리 조절로 물가안정을 도모한다.

Q

우리나라의 중앙은행은 무엇인가요? 광고도 안 하고 거리에서도 못본 것 같
습니다. 다른 나라에는 어떤 중앙은행이 있나요?

우리나라의 중앙은행은 한국은행입니다. 한국은행은 금융기관을 상대로 예금
을 받고 대출을 해주는 은행 위의 은행이며, 일반 국민이나 기업을 상대하지
않기 때문에 TV광고도 안 하고, 지점도 많이 없습니다. 세계의 은행으로 불리
는 미국의 중앙은행 FRB(Federal Reserve Bank), 중국의 중국인민은행, 유로를
사용하는 유럽연합 EU의 중앙은행인 유럽중앙은행 등이 있습니다.

사춘기를 겪으면 누구나 한 번쯤은 '내가 이 세상에 왜 태어났을
까?' 하며 고민한다. 사춘기가 한참 지나버린 지금도 그 해답은 찾지

못했지만, 회사나 정부기관은 대부분 태어난 설립 목적을 명시적으로 작성하는 것이 일반적이다.

우리나라 중앙은행인 한국은행의 설립목적은 무엇일까? 한국은행의 경우에는 효율적인 통화신용정책의 수립과 집행을 통해 물가안정을 도모함으로써 나라 경제의 건전한 발전에 이바지하는 것이다.

물가안정, 한국은행의 가장 큰 관심사다

인플레이션Inflation이란 화폐가치가 하락해 물가가 전반적 · 지속적으로 상승하는 경제현상을 말한다. 지속적인 물가상승이 발생되면 소득과 부의 분배가 불평등해진다. 열심히 저축을 하고 있는 사람들은 돈의 실제가치가 떨어지게 되므로 손해를 본다.

물건값이 더 오르기 전에 물건을 사두는 것이 유리해지고, 소비를 늘리는 반면 저축하고 싶은 마음은 약해진다. 그래서 소비는 늘고 저축은 줄어들게 된다.

또한 부동산과 실물 자산 소유자는 가격이 올라 상대적으로 부유해지고, 집 없는 서민들은 집값이 올라 내집 마련 기회가 더욱 어렵게 되어 상대적으로 박탈감을 갖게 된다. 따라서 일정한 급여를 받는 근로자들의 의욕은 떨어지게 된다.

기업의 경영활동도 돈의 가치가 떨어지게 되므로 부채를 늘렸다가 돈의 가치가 떨어진 후 대출을 갚아 이득을 볼 수 있다. 본업의 생산 활동보다 부동산투자에 관심을 가져 기업의 체질이 약해지게 된다. 인플레이션이 있으면 미래에 대한 불확실성이 커져서 안정적인 경제활동에 방해가 된다. 이렇기 때문에 물가 안정은 국민 모두가, 고루 잘 살고, 안정된 경제성장을 이루기 위해서 꼭 필요하다.

현재 한국은행의 물가 안정 목표는 소비자물가상승률(전년동기 대비) 기준 2%다. 물가 안정 목표내 완만한 물가는 경제 활동에 활력소도 되지만 물가가 지속적으로 상승하는 인플레이션 상황에서는 우리 생활뿐만 아니라 사회·경제적으로 여러가지 문제가 나타나게 된다.

한국은행은 왜 기준금리를 올리고 내릴까?

한국은행 총재를 포함한 7명의 금융통화위원들은 연 8회 한국은행과 금융기관과의 거래에서 기준이 되는 기준금리와 통화신용정책에 관한 결정을 내린다. 즉 금리를 정책수단으로 해 과열된 경기를 진정시키거나 침체된 경기를 부양시키는 것이다.

경제성장률과 물가상승률이 높아지면 기준금리를 인상한다. 인플레이션이 있을 때 돈의 흐름이 실물자산으로 이동하는 것을 줄여야 하기 때문에 기준금리를 인상한다. 기준금리 인상은 현금자산을 보유하고 있는 사람들이 실물자산에 투자하는 대신 은행에 예금하거나 채권에 투자하도록 유도해 물가 안정에 기여할 수 있고, 과열된 부동산시장을 진정시키기 위해 금리 인상을 활용하기도 한다.

경기가 불황 국면으로 진입하고 물가가 너무 낮으면 경기 부양을 위해 기준금리를 낮추고, 예산 조기 집행과 적자 재정 같은 재정지출을 확대해 시중에 자금을 공급한다. 경제 불황 상태를 그냥 두면 실업자가 증가하고 기업이 도산하는 등 심각한 경기침체로 이어질 수 있기 때문이다.

미국은 미국발 서브프라임이 터지자 2007년부터 경기 부양을 위해 금리를 2008년 12월 0.25%까지 단계적으로 인하했고, 이런 금리 인하로도 부족해 양적완화Quantitative Easing를 시행함으로써 엄청난 돈을 시장에 공급해 경기를 부양했다. 그러자 경제가 상승하면서 2015년 12월부터는 기준금리를 단계적으로 올리기 시작했다.

> ⌛ **1분 금융 스터디**

> ▶ 양적완화(Quantitative Easing)
> 기준금리 수준이 0에 가까워 더이상 금리 인하를 통한 경기 부양 효과를 기대할 수 없을 때 중앙은행이 자산을 사들여 시중에 통화 공급을 늘려 경기를 부양하고자 하는 정책이다. 미국, 유럽, 일본 등의 선진국은 금융위기 이후 양적완화 정책을 시행했다.

금리는 자산시장에
어떤 영향을 미치나?

변화(Change) 속에 기회(Chance)가 있다지만
급격한 변화는 모두를 당황하게 한다.

채권투자라고 하면 흔히들 안전한 투자라고 알고 있는데, 최근 금리 상승으로 채권투자가 손실이라는 말을 들었습니다. 금리 상승과 채권투자는 무슨 관계가 있나요?

만기와 표면금리가 정해져 있는 상태에서 발행되는 채권은 금리가 상승하면 채권 평가 금액은 떨어져 손해를 볼 수 있습니다.

일반적으로 금리가 상승하면 부동산시장과 주식시장에 안 좋은 영향을 끼친다고 한다. 자금흐름이 채권 발행 쪽이나 은행 예금 쪽으로 이동할 수 있기 때문이다. 급격한 금리 상승은 대출이자 상승

으로 이어져 가계 소비 여력 및 기업 이익에 영향을 끼쳐 소비를 위축시키는 요인으로도 작용할 수 있다.

금리와 채권 가격은 방향이 반대다

채권의 표면금리는 채권 발행 시점부터 정해져 있는 금리이고, 시장금리는 매일 매일 자금시장에서 수요와 공급에 의해서 변동되는 금리다. 이런 구조이기 때문에 시장금리가 오르면 고정되어 있는 채권 조건으로 인해 채권 가격은 하락하고, 시장금리가 하락하면 채권 가격이 상승한다고 말하는 것이다.

예를 들면 2년 전 5년 만기로 표면금리 연 5%로 발행된 우량한 회사 채권을 매수했는데, 이 채권을 지금 시점에 매각하려 한다. 현재 시장금리가 올라서 비슷한 5년 만기 채권이 연 6%로 발행된다면, 남은 3년간 연 1%씩 손해보게 되는 것만큼 싸게 내놔야 시장에서 매각이 될 것이다. 같은 이유로 만기까지 잔존 기간이 많은 채권 평가 금액이 더 낮아질 것이다.

투자자 입장에서는 시장금리가 높을 때 채권에 투자하고, 이후 시장금리가 하락하는 것이 유리하다. 반대로 채권을 발행하는 기업 입장에서는 시장금리가 낮을 때 채권을 발행하고, 이후 시장금리가 상승하는 경우 낮은 가격으로 기존에 발행된 채권을 매수한다면 금융 비용을 줄일 수 있을 것이다.

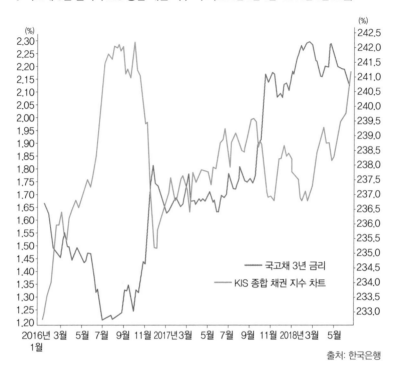

┃ 국고채 3년 금리와 KIS 종합 채권 지수 차트(2016년 1월 1일~2018년 6월 30일)

출처: 한국은행

금리와 부동산시장

금리가 하락하면 대출이자 부담이 감소하기 때문에 대출을 활용해 주택 및 부동산에 대한 매수가 증가한다. 임대료를 받아 낮은 금리의 대출이자를 충당하고, 부동산 가격의 상승을 기대하며 부동산을 보유하는 것이다.

부동산 경기가 과열이라고 판단되면 정부는 총부채상환비율인

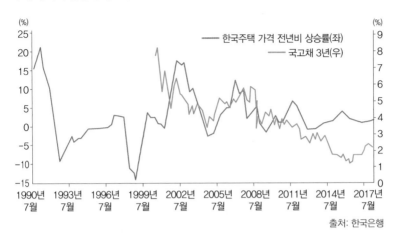

출처: 한국은행

| 국고채 3년 금리와 KOSPI 주가지수 차트

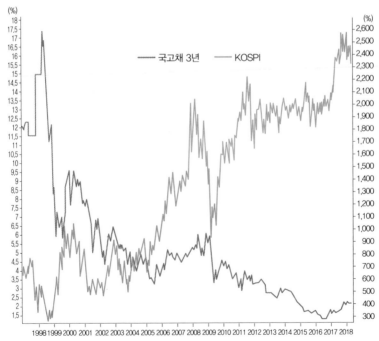

출처: 한국은행

DTI_{Debt To Income Ratio} 규제, 투기과열지구 지정, 재산세 등의 보유세 인상 등과 같은 규제 방안과 함께 금리를 인상한다. 시장금리가 대출이자를 부담할 수 있는 수준을 넘어서면 부동산에 대한 수요가 감소하면서 부동산 가격이 다시 하락하게 된다. 반면 부동산 경기 과열 국면에서는 금리 인상에도 불구하고 부동산 가격이 가파르게 상승할 수 있다는 기대감에 부동산 가격이 상당 기간 상승하는 경우도 있다.

원론적으로 주식시장은 금리 인하를 호재로 여긴다. 금리가 낮아지면 돈의 흐름이 주식시장으로 이동하면서 주가지수가 상승할 수 있기 때문이다. 하지만 금리 상승기에도 경기가 좋아지는 신호로 해석될 때는 주식시장이 좋아질 수도 있다. 앞의 그래프를 보면 금리와 주가지수가 반대 방향도 있지만 같은 방향이 되는 구간 또한 많은 것을 확인할 수 있다.

주가지수는 금리뿐만 아니라 상장기업의 영업이익의 흐름, 외국인 투자자금의 이동, 세계 경제 흐름, 환율 등 모든 변수로부터 영향을 받으면서 인간의 기대 심리까지 더해져 숫자로 표현되면서 실시간으로 변하고 있다.

금리와 환율은
어떤 관계가 있나?

환율 방어를 위해 금리를 인상한다는 신흥국 발표에
긴장하는 이유는 금융위기가 떠오르기 때문이다.

2015년 말 미국이 기준금리 인상을 시작할 때 '이제 달러 강세로 달러에 투자하라'는 증권사 광고를 봤는데 그때보다도 달러 환율은 오르지 않았습니다. 그 이유가 무엇인가요?

금리 상승이 화폐 가치의 강세를 의미하는 것은 다른 조건이 일정하다는 가정 하에 원론적인 이야기입니다. 환율도 금리와 같이 경제 전반에 영향을 받으면서 또한 경제 전반에 영향을 주고 있습니다.

주식 예측을 신의 영역으로 부르는 것처럼 환율 또한 예측이 매우 어렵다. 환율이 오르면(원화 가치 하락) 수출업체에게 유리하고, 환율이 하락하면(원화 가치 상승) 수입업체에게 유리하다.

환율이 상승하면 수출 경쟁력이 생겨 수출이 늘어나고, 경상수지 흑자에 영향을 주게 된다. 이처럼 자국의 수출 경쟁력 향상을 위해 서로 자국의 화폐 가치를 낮추려고(환율 상승) 경쟁하는 것을 이른바 '화폐전쟁'이라고 부른다.

환율은 어떻게 결정될까? 원론적으로는 금리가 높아지면 통화 가치는 강해지고(환율 하락), 금리가 낮아지면 통화 가치는 낮아진다(환율 상승). 그 이유는 높은 금리를 주면 통화 수요가 많아지게 되고, 금리가 낮아지면 통화의 수요도 낮아지게 되기 때문이다.

환율은 외화에 대한 수요와 공급에 의해서 결정된다. 경상수지와 외국인 투자자금의 흐름 같은 요인이 금리 차이나 물가상승률보다

| 한국 국고채 3년 금리와 미국 달러 환율 변동 추이

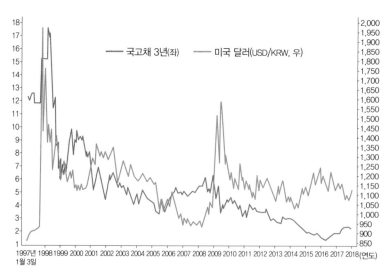

출처: 한국은행

환율 결정에 영향을 더 미칠 수 있다. 아래 그래프와 같이 금리와 환율이 반대 방향이기도 하지만 경제 위기시에는 안전자산으로 통하는 달러의 가치가 폭등하기도 하고, 경상수지와 환율 개입 등으로 금리와 환율이 같은 방향으로 가기도 한다.

금리 상승이 곧 환율 하락을 의미하진 않는다

경제학 논리로 볼 때 금리는 돈의 값어치이므로 금리가 상승하면 통화 가치가 상승해 환율이 하락하는 것이 정상이다. 하지만 금리는 외화의 수요와 공급에 따라 결정되는 환율에 영향을 미치는 요소 중 하나일 뿐이다.

아무리 금리를 올려도 해당 국가의 정치가 혼란스럽거나 경상수지 적자가 심각하고 산업 경쟁력의 취약성으로 인해 해당 통화의 가파른 약세가 예상된다면, 자금 유출이 진행되어 환율 상승을 막지는 못할 것이다. 다음 기사를 보자.

> ### 아르헨티나의 환율 방어를 위한 금리 인상
> 15일(현지시간) 달러 대비 페소 가치는 달러당 28.45페소로 마감했다. 페소화는 이로써 이번 주에만 가치가 11% 하락했다. 환율이 하락할 경우 과거 한국이 외환위기를 겪었을 때처럼 달러를 확보하기 위

해 더 많은 돈이 필요해진다.

아르헨티나는 기준금리를 40%까지 인상하고 국제통화기금IMF의 구제금융을 받는 등 비상조치를 동원했음에도 페소화 폭락 사태를 막지 못하고 있다.

2018년 6월 15일 〈아시아경제〉 기사

이 기사의 '환율을 방어하기 위해 기준금리를 40%까지 인상하고' 라는 말처럼 해당 국가가 금리를 올리는 이유는 해당 통화 가치의 하락을 방어하기 위한 조치였다. 즉 그 나라 통화를 1년만 갖고 있으면 이자가 40% 늘어나게 되므로 고금리를 희망하는 투자자의 통화 수요가 늘어나기 때문이다. 하지만 이 기사는 미 달러처럼 기축통화가 아닌 나라에서 부도가 나거나 금리 인상보다 빠른 통화 약세가 될 수 있다는 예상 때문에 금리 인상에도 불구하고 환율이 하락하는 경우를 보여준다.

환율은 시장금리와 매우 밀접한 관계를 갖는다. 해당 국가가 환율 방어를 위해 금리를 인상하기도 한다. 하지만 반대로 해당 국가의 환율이 상승한다는 것은 외화에 대한 수요가 증가한다는 의미이고, 외화 수요 증가는 자금시장 경색으로 이어져 시장금리 상승의 요인이 될 수 있다.

그렇다면 이제 환율, 물가, 금리의 상호 작용에 대해 알아보자. 원화 약세(환율 상승)는 물가 상승에 영향을 끼치고, 물가는 금리에 영향을 미친다. 우리나라는 대부분의 원자재를 수입에 의존하고 있는 구조이므로 환율 상승은 제품 원가와 물가 상승 요인으로 작용하게 된다.

제품 경쟁력이 있으면 원화 강세를 통해 물가를 낮출 수 있는 긍정적 효과를 기대하지만, 수출 가격 경쟁력이 악화되어 경장 수지 악화의 주된 요인이 된다. 그렇기 때문에 각국의 수출 경쟁력을 위해 자국의 가치 하락(환율 상승)을 추구하는 것을 이른바 화폐전쟁이라고도 부른다.

⌛ **1분 금융 스터디**

▶ 헷갈리는 환율 표현

환율 상승 = 원화 약세 → 수출업체에게 유리
환율 하락 = 원화 강세 → 수입업체에게 유리
USD/KRW = 미국 달러에 대한 원화의 교환 비율
CNH/KRW = 중국 위환화에 대한 원화의 교환 비율

빚내서 하는 레버리지 투자,
좋은가 나쁜가?

칼날의 양면과도 같은 레버리지 투자.
부러지지 않도록 주의가 필요하다.

레버리지를 활용한 투자 이야기를 많이 들었습니다. 적은 돈으로 큰 수익을
낼 수 있다는데, 어떻게 활용해야 할까요?

투자에서는 실제 힘보다 몇 배의 힘을 내는 지렛대처럼 레버리지 효과를 활용
할 수 있습니다. 자기 돈이 아닌 부채를 활용해 투자 수익률을 확대시키는 것
입니다. 양날의 칼처럼 의도한 대로 수익률이 크게 날 수도 있고, 의도하지 않
은 방향으로 가격이 움직인다면 크게 손해를 볼 수 있는 투자입니다.

레버리지leverage는 '지렛대'라는 뜻의 lever에서 나온 말이다. 차입
금 등 타인 자본을 지렛대로 삼아 자기자본이익률을 높이는 투자방
법을 뜻한다.

차입금에 대한 이자비용보다 더 높은 수익이 기대될 때 유리하지만, 과도한 타인자본 사용으로 부담이 커지면 손실폭도 커질 수 있다. 레버리지는 수익과 손실을 모두 증폭시킬 수 있는 양날의 검이라는 사실을 반드시 기억해두자.

부동산에서의 레버리지 투자

저금리와 주택 경기 호황을 기반으로 갭Gap투자가 많은 관심을 받았었다. 갭투자는 시세차익을 목적으로 주택의 매매가격과 전세금 간의 차액이 적은 집을 전세를 안고 매입하는 투자 방식이다. 하지만 집값이 하락하는 경우 '깡통주택'으로 전락해 집을 팔아도 전세금을 돌려주지 못하거나 대출금을 갚지 못할 수도 있다.

최근 다주택자에 대한 규제와 재산세·종부세 같은 보유세 인상으로 주택 가격과 함께 전세값이 하락해 깡통주택이 늘고 있다는 기사가 나오고 있다. 자금 여력 이상으로 투자할 때는 리스크가 매우 클 수 있다.

대출을 활용해서 상업용 부동산을 매수했다가 대출 원리금을 갚지 못해 경매에 붙여지는 경우도 있다. 임대차 보증금과 대출을 활용해 적은 자기 자본으로 상업용 부동산을 매수하고 월 임대료로 이자를 내면서 부동산 가격 상승을 기대해 투자했는데, 공실이 늘어나 임대료를 받지 못하면서 대출금 이자를 내지 못하고 결국 부동산을 매물로 내놔도 팔리지 않아 경매에 이르게 되는 경우다. 자신이 갖고 있던 자본금과 함께 대출금을 갚지 못해 신용불량자로까지 등록되는 경우다.

ETF를 활용한 레버리지 투자

레버리지 ETF란 기초지수에 대해 일별 수익률의 몇 배를 추적하는 것을 목표로 설계된 ETF로, 원금 손실 가능성이 높은 '고위험 고수익'의 투자 방법이다. 주가 상승이 예상되거나 주가지수가 급락해 반등이 기대될 때 지수를 추종하는 인덱스 펀드 수익보다 더 높은 수익률을 위해 레버리지 ETF에 투자한다.

| 레버리지 ETF에 투자했을 때 코스피 200 대비 수익률

출처: 키움증권 리서치

100

하지만 예상과 다르게 지수가 하락했을 경우 몇 배의 손실률뿐만 아니라 변동성이 큰 장세에서 투자기간이 길어질수록 지수와 괴리가 발생한다. 시간이 지나 기초 지수가 투자시점과 동일해진 경우에도 레버리지 ETF는 손실을 발생할 수 있다. 그러므로 레버리지 ETF는 단기 투자에 적합한 상품이다.

| 레버리지 ETF 수익률 예시를 위한 가정 계산

구분	기초지수 KOSPI200		2배 레버리지 ETF	
	지수	일별수익률	가격	일별수익률
1일차	300	–	10,000	–
2일차	270	-10%	8,000	-20%
3일차	283.5	+5%	8,800	+10%
4일차	269.3	-5%	7,920	-10%
5일차	300	+11.4%	9,724	+22.8%
누적수익률	0%		-2.76%	

⌛ **1분 금융 스터디**

▶ 보유세

보유세는 부동산, 자동차 같은 재산에 부과되는 세금이다. 부동산에는 재산세와 종합부동산세(종부세)가 있다.

미국의 금리 인상에
한국 "나 떨고 있니?"

"미국이 기침하면 한국은 몸살 앓는다"는 증시 격언처럼
미국의 경제 상황은 한국에 매우 큰 영향을 끼친다.

Q

미국이 금리를 올려 한국과 금리가 역전되었다는 우려 섞인 기사를 최근 자주
봤습니다. 미국이 금리를 올리는데 우리나라가 왜 걱정을 하는 거죠?

한국에 투자한 외국계 투자자 입장에서 한국보다 투자 위험이 더 낮은 미국에
서 확실한 금리 수익까지 더 챙길 수 있다면 한국 내에 있는 투자자금이 미국
으로 떠날 수도 있어요. 하지만 한국은 국내 경기가 좋지 않아 미국처럼 금리
를 따라 올리기가 쉽지 않으니 걱정할 수밖에요.

A

미국 금리가 한국 금리보다 높다고 해서 미국으로 돈을 보내 예금
을 할 필요는 없다. 한국에 있는 은행에서도 미국 달러로 기간별 정
기예금을 할 수 있다. 달러 자산을 갖고 있다는 것은 포트폴리오 자

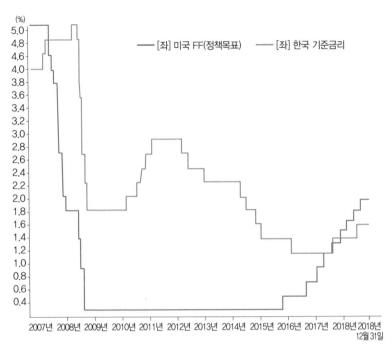

| 한국과 미국의 기준금리 추이

[좌] 미국 FF(정책목표) · [좌] 한국 기준금리

출처: 한국은행

산 관리 측면에서 긍정적인 효과를 기대할 수 있다.

미국 기준금리는 2018년 4차례 0.25%씩 올리면서 2018년 말 기준으로 2.25~2.5%가 되었다. 한국 기준금리는 2018년 11월 0.25% 올리면서 1.75%인 상태다. 10년 7개월 만에 한국과 미국의 기준금리가 역전되었고 기준금리 차이가 점점 크게 벌어졌다. 우리나라에서 자본 유출 우려가 커지는 이유다.

원론적으로 금리는 위험성이 높은 투자처에서는 높고, 안정적인 곳에서는 낮기 마련이다. 경제 규모로 볼 때 미국은 한국과 비교해 위험성이 낮은 곳이고, 투자자를 유치하려면 한국의 금리가 미국보다 높아야 한다. 그러나 한·미 금리가 역전되면 이와 같은 공식은 깨지게 된다.

미국의 투자수익률까지 더 좋아진다면?

미국 금리가 상승한다고 해서 당장 우리나라에서 대규모 자금 유출이 나타날 확률은 크지 않다. 외국인 투자자들이 금리만을 보지 않고 경제성장률, 기업실적, 환율 등을 함께 고려해 투자하기 때문이다.

하지만 장기간 금리 역전 상태를 유지하기는 매우 부담스럽다. 예상치 못한 변수로 글로벌 금융시장이 흔들릴 때 외국인 투자자들이 자금을 회수한다면 실물 경제로 확산하며 경제가 급격히 얼어붙을 수 있기 때문이다.

이러한 우려로 한국은행이 미국을 따라 금리를 올리려니 부담이 매우 크다. 자본 유출과 가계부채 증가를 막기 위해 금리를 올리면 장기간의 저금리로 늘어난 가계부채의 이자 부담이 늘어나게 된다. 가계의 주머니가 얇아지면 소비 심리가 움츠려들게 되고, 그 결과 경기가 가라앉을 수 있고, 생산 감소에 따른 일자리 부족과 소득 하락 등의 악순환이 이어질 수 있다.

따라서 한국은행은 고민이다. 이러한 장애물을 피해가며 경기를 냉각시키지 않는 선에서 금리를 적절히 조절해야 하는 어려운 숙제를 안고 있기 때문이다.

빠른 변화는 한국시장에 불안감을 키울 수 있다

2007년 미국에서 서브프라임 모기지 사태가 발생했다. 미국의 비정상적 담보대출에서 비롯된 부동산시장 붕괴로 글로벌 금융위기가 터졌고, 미국뿐만 아니라 전 세계 경제가 급격히 망가졌다.

미국 중앙은행인 FED는 엄청난 돈을 풀어 경기 살리기에 주력했다. 경기가 활력을 띠기 시작한 2015년 하반기에 금리를 한 차례 올리기 시작했다. 현재까지 좋은 경제 지표와 비교해볼 때 기준금리를 빠르게 올리지 못한 주된 이유는 너무 낮은 물가 때문이다.

2018년 2월 초 미국의 실업률 감소 발표와 임금상승률 상승 발표는 경제적 측면에서 좋은 소식이다. 그럼에도 불구하고 미국 금리 인상 우려로 2일 동안 S&P500가 6.2%, 4일 동안 KOSPI가 6.8%나 하락하기도 했다.

주가가 크게 하락한 이유는 대부분의 투자자들이 저금리 상황에 익숙해져 있는 상황에서 미국 국채금리가 예상보다 빠르게 상승하며 불안 심리를 자극했기 때문이다. 임금 상승이 물가를 자극하고, 이로 인해 미국 금리 인상 속도가 빨라질 수 있다는 공포다.

미국의 금리 인상은 우리나라 금리 인상에 영향을 준다. 아직 우리나라 경제 체력이 금리 인상에 대한 준비가 안 된 상태에서 어쩔 수 없는 금리 인상은 가계부채 부담과 기업실적 둔화를 불러올 수 있다. 이에 따라 부동산, 주식, 채권 등 모든 자산 가치의 하락을 불러올 수 있다는 우려가 있다.

금리 인상기를 맞아
우리는 어떻게 해야 하나?

경제가 감내할 수 있는 범위 안에서의
금리 인상이라면 투자에 긍정적이다.

Q

10년 전 회사에 입사한 후부터 월급을 아껴 이제 좀 목돈을 모았습니다. 10년 동안 양적완화로 저금리 시대였는데 이제는 금리 상승기로 접어들었다고 합니다. 지금껏 투자했던 정기예금보다 더 높은 수익을 내고 싶은데 어떻게 자산 관리를 해야 할지 걱정됩니다.

금리 인상기라고 해서 절대적으로 리스크 없이 수익을 낼 수 있는 자산 관리 방법은 없습니다. 하이 리스크 하이 리턴이 투자 원칙이며, 보다 적은 리스크로 안정적인 수익을 실현할 수 있도록 포트폴리오 투자를 하는 것이 좋습니다.

A

투자를 해서 수익을 내는 것은 어려운 일이다. 공식처럼 정해져 있지도 않다. 투자 환경도 과거와 다른 '뉴 노멀New Normal' 시대라는 단어처럼 새로운 환경으로 빠르게 바뀌고 있다. 따라서 투자 시기와 투자 자산의 분산이라는 포트폴리오 자산관리가 더욱 중요한 것이다.

금리 상승기에는 새로 가입하는 예금일수록 높은 금리가 적용되므로 예금의 만기를 짧게 가져가는 게 유리하다. 그렇다고 해서 자금 예치 기간이 충분히 있는데 3개월 만기 예금에 가입하라고 권하지는 않는다.

2018년 7월 초 6개월과 1년 만기 정기예금금리는 0.15% 차이가 난다. 6개월 후 6개월짜리 만기 예금금리가 약 0.3% 상승하지 않으면 처음부터 1년 만기로 하는 것이 유리한 선택이다. 무조건 짧은 만기보다는 기간별 금리차를 확인하고 향후 금리 인상폭을 예상해 만기를 정해야 한다.

고정금리 대출의 경우 5년 단위로 고정금리가 변동되기 때문에 현재 변동금리와 고정금리의 차이와 대출 기간을 고려해서 금리 종류를 선택해야 한다. 고정금리와 변동금리의 차이가 적고 장기간 사용할 대출금이라면 고정금리를 선택하는 것이 유리할 것이다. 자금 여유가 생길 때마다 무엇보다도 불확실한 투자 수익을 선택하기보다 상승하고 있는 대출이자를 줄이기 위해 조금씩 대출금부터 상환하는 것을 권장한다.

| 뱅크론 펀드*, 하이일드 펀드**, 미국 기준금리 비교 차트

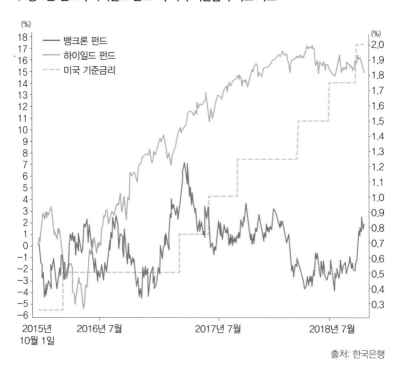

출처: 한국은행

채권에서는 단기채, 하이일드, 뱅크론 채권이 유리

앞에서 설명한 것처럼 채권 가격과 금리는 역의 관계에 있다. 채권 가격 하락폭이 이자 수입 수준을 넘어서게 되면, 채권형 펀드 수

---

* 뱅크론 펀드는 투자 부적격등급(신용등급 BBB급 미만)에 속하는 미국 기업의 은행대출을 유동화한 채권에 투자하는 펀드상품이다. 대출금리가 기준금리에 연동되어 기준금리가 오르면 추가적인 수익을 올릴 수 있다.

** 하이일드 펀드는 신용등급이 낮아 간접금융시장에서 자금을 조달할 수 없는 기업이 발행한 채권에 투자하는 펀드다. 수익률이 높은 반면 발행자의 채무불이행으로 인한 위험부담이 크다.

익률도 하락하게 된다. 채권 만기가 짧을수록 표면이자가 높을수록 시장금리 상승에 따른 채권 가격 하락폭이 작다.

따라서 금리 상승기에는 기간이 짧은 단기채, 금리가 높다는 장점과 경제가 좋아지면서 금리가 오르는 상황에서 부도 위험이 낮아져 추가 수익을 낼 수 있는 하이일드 채권, 리보금리에 따라 수익률이 연동되는 뱅크론 채권이 유리할 수 있다.

미국 금리 인상기에 금리 연동형 뱅크론 펀드가 좋을 것이라고 했지만 펀드에 들어가는 시점과 나오는 시점에 따라 수익률이 다르다. 금리 상승기에 예대마진 확대에 따라 은행주들의 전망이 좋기는 하지만 이 역시 투자 시점과 환매 시점에 따라 수익률이 제각기 다르다. 중요한 것은 현재의 경제 현상을 제대로 이해하고, 앞으로의 가능성에 대해 투자 시점과 투자 자산을 분산해서 포트폴리오 투자를 하는 것이다.

장기 전망이 좋은 곳에 적립식 투자를 하라

경기가 좋아지고 물가도 완만하게 상승하면서 금리가 오르는 기간에는 채권에서 주식으로 자금이 이동하면서 주식시장이 강세를 나타낸다. 국내외 경기가 개선되고 물가도 오르면 기업의 수익성이 좋아지기 때문이다.

하지만 빠른 금리 인상과 예측하지 못한 사건으로 금융시장의 변동성이 커질 수 있다. 소위 '신의 영역'이라고 말하는 것처럼 금융시장의 방향을 정확하게 예측하고 투자하는 것은 한계가 있다.

따라서 장기적으로 봤을 때 긍정적인 부분에 꾸준히 적금을 넣듯이 적립식으로 꾸준히 투자하면 리스크를 줄이면서 안정적인 수익률을 기대할 수 있다. 그 이유는 투자 시기를 분산해 주가가 떨어질 때 주식을 더 많이 사게 되어 평균 매입단가를 낮추는 긍정적인 효과를 기대하기 때문이다.

⏳ 1분 금융 스터디

▶ 적립식 투자의 예시

미·중 패권 다툼으로 중국 증시가 최근 많이 하락했지만 장기적인 중국 성장에 투자하고 싶다면 매월 자동이체로 적립식 투자를 시작하면 좋다. 투자 중간에 하락폭이 더 커진다면 추가 투자를 할 수도 있다. 목표한 수익률에 도달했다면 해지 후 다시 적립식 투자를 시작할 수도 있다. 변동성이 큰 중국 시장에 목돈 투자보다 안정적 투자를 할 수 있는 방법이다.

태어나자마자 입출금 통장을 만들고, 대학생 때는 알바를 하면서 주택청약종합저축을 통해 일찍 주택 마련의 꿈을 키운다. 취업과 동시에 연금저축과 ISA를 신규 가입하면서 절세를 통해 노후 준비를 일찍 시작한다. 부족한 결혼자금은 대출받고 결혼식 예물 대신 골드뱅킹 통장으로 선물한다. 맞벌이 5년 만에 부족한 돈을 대출받아 집 장만을 하고 집 마련 기념으로 저렴하게 환전해 해외여행을 떠난다. 이처럼 금융상품을 잘 활용해서 부자에 한걸음 더 가까이 갈 수 있는 방법을 알아보자.

부자는
금융상품에 강하다

금융 거래의 시작은
예금과 적금이다

적금은 목돈을 만드는 것이고,
예금은 목돈을 굴리는 것이다.

3년 만기의 적금금리는 연 2.7%이고, 예금금리는 1.9%로 적금금리가 더 높은
데, 그렇다면 적금이 더 좋은 상품인가요?

적금은 만기까지 일정 기간 동안 주기적으로 돈을 모으지만, 예금은 목돈을
한번에 넣고 만기까지 맡기는 상품입니다. 실제 이자 계산은 연이자율을 기준
으로 실제 맡긴 금액에 맡긴 기간 동안만 계산에 반영되니 이자율이 아닌 용
도에 맞는 상품을 선택하는 게 좋습니다.

　　예금과 적금은 재테크 입문단계에서 반드시 만나는 금융상품이
다. 같은 상품이라면 당연히 금리가 높은 상품이 유리하다. 하지만
'금리'만을 너무 중요하게 생각해서 조금 더 높은 저축은행 금리를

받기 위해 시간을 쪼개 택시 타고 저축은행에 가는 실수를 해서는 안 된다. 거래 집중 혜택과 소요 시간, 택시비용까지 모두 합한 기회 비용을 생각하자. 입출금 통장, 적금 통장, 예금 통장의 특성을 제대로 이해하는 것이 우선이다. 적은 이자율 차이보다 돈을 모으는 것 자체에 집중하는 것이 유리할 수 있다는 점도 잊지 않도록 하자.

금융 거래의 시작은 돈을 주고 받고, 자동이체하고, 안전하게 보관할 수 있는 입출금 통장을 개설하는 것이 그 시작이다. 이때 은행에 문의를 하면서 나에게 많은 혜택을 주는 통장을 골라 개설하면 된다. 입출금 자유 통장은 거래 목적이나 연령대에 맞춰 다양하게 준비되어 있다. 거래가 쌓여 우대 고객이 되면 한도를 약정해놓고 사용한 만큼만 이자를 내는 자동대출도 가능하다.

입출금 통장을 기반으로 인터넷 뱅킹에 가입하고 공인인증서를 사용해 다양하고 편리한 서비스를 이용할 수 있다. 공인인증서로 연말 정산을 할 수 있는 국세청 홈택스(www.hometax.go.kr)와 가족관계증명서를 인터넷으로 발급받을 수 있는 대법원 전자가족관계등록시스템(efamily.scourt.go.kr)까지 이용할 수 있다.

목돈 만드는 적금, 목돈 굴리는 정기예금

6~36개월 사이의 기간을 정해 매월 일정 금액 또는 일정 금액 이하의 금액을 자유롭게 저축하는 방법을 적금이라고 한다. 중도 해지

했을 경우 원래의 금리보다 적은 중도해지이율이 적용되고, 만기 후에는 원래 금리보다 적은 만기 후 이율이 적용된다.

대부분의 적금이 급여 이체, 카드결제 계좌, 자동 이체, 저축 등 조건을 충족하면 우대이율이 적용된다. 가입 전 자신의 상황에 맞는 최대 금리를 주는 적금을 찾아 가입하는 것이 좋다.

1~36개월 내에서 월 단위로 기간을 정하고 최소 100만 원 이상의 금액을 기간에 따른 확정 이율로 받는 방법이 정기예금이다. 예금도 적금처럼 중도해지이율과 만기 후 이율이 적용되어 자금 사용 시기에 맞춰 정기예금 만기일을 정해야 한다. 1~6개월 이내 단위 기간 금리 연동형으로 계약기간을 정할 수 있다.

예를 들면 3년 만기 3개월 금리 연동으로 정하면 매 3개월마다 만기 3년까지 자동 재예치되며, 재예치시 적용 금리가 변동된다. 정기예금은 금리 상승기에 고려할 만한 방법이다.

예·적금 가입 후 뜻하지 않게 자금이 필요한 경우가 발생할 수 있다. 가입 후 1개월이 경과하고 금리 연동형이 아닌 정기예금으로 가입한 경우, 자금이 필요할 때 분할 인출을 활용하면 중도해지에 따른 손해를 줄일 수 있다.

정기예금의 경우 가입 초반이면 분할 인출을 활용하고, 만기일이 얼마 남지 않았으면 예금담보대출을 받는 경우를 따져서 분할 인출과 예·적금담보대출이 중도 해지시보다 유리한지를 확인해야 한다. 예·적금담보대출은 신청 당일에 바로 입금되고, 세금 성격인 수입인지세를 제외한 수수료 및 기타 비용은 없다.

▶ KDIC 보호금융상품

금융 회사가 영업정지나 파산 등으로 고객의 예금을 지급하지 못할 경우를 대비해 예금자보호법에 따라 금융 회사는 예금보험공사(Korea Deposit Insurance Corporation)에 보험료를 납부한다. 예금보험공사는 원금과 소정이자를 합해 금융 회사별로 1인당 5천만 원을 한도로 지급을 보장한다. 한편 농·수협 지역조합, 신용협동조합, 새마을금고는 현재 예금보험공사의 보호대상 금융 회사는 아니지만, 관련 법률에 따른 자체 기금에 의해 보호된다.

금투자,
투자 수단이면서 헷지 수단

"○○은행 김 팀장님이시죠?
내일 들릴 테니 금 열 돈만 준비해주세요."

서울 종로에 있는 귀금속거리에 가지 않고, 은행에서 금에 투자를 할 수 있다
던데 정말인가요? 어떤 방법들이 있는지 궁금합니다.

네. 은행에서 직접 만져볼 수 있는 실제 금인 골드바를 사고 팔 수 있고, 눈에
보이지 않는 서류상 금(Paper Gold)을 통장으로 거래하는 골드뱅킹 상품도 있
어요. 또한 금 관련 회사의 주식 또는 금 선물에 투자하는 골드펀드까지 다양
한 금투자 관련 상품이 있어요.

'그때 금을 팔지 않고 가지고 있었으면 재미 좀 봤을 텐데…'
1998년 IMF 당시 외환위기 극복을 위한 '금 모으기 운동'에 참여
한 부모님이 계시다면 한 번쯤 이런 말씀하시는 걸 들어봤을 것이

다. 당시 금 한 돈(3.75g)의 가격은 대략 5만 원 정도였는데, 현재는 약 16만 원을 넘는 금액이기 때문이다.

그래서 과거에는 돌잔치 선물로 금반지가 애용되었지만 지금은 금 가격이 올라 그런 모습을 찾아보기 어려워졌다. 한편으로는 금도 투자대상이 될 수 있다는 것을 널리 알리는 계기도 되었다.

금을 간편하게 내 통장에 입금하고 출금한다

금은 전세계 유통되는 부의 상징이다. 이런 금을 간단히 은행에서 0.01gram 단위로 골드투자 통장을 통해 샀다 팔았다 할 수 있다. 예금 입출금하듯 금액을 정해 거래를 신청하면, 그 시점의 금 가격을 적용해 통장에 금액 대신 '금의 중량'이 표시되며 거래가 된다.

금 가격은 1트로이온스(31.1034768gram)당 미 달러로 표시된다. 예를 들면 2018년 5월 4일 16시 59분 금 가격은 1,310.62달러, 환율은 1,076원이었기 때문에 금 기준가격(원/gram)은 45,373.56원이다.

거래시점의 기준가격에 팔고 사고 할 때마다 1%의 수수료가 추가된 금액으로 거래한다. 금융 회사에 따라 금 실물로 인출을 해주는 곳도 있으며, 이때는 거래금액에 더해 부가가치세 10%를 추가로 부담해야 한다. 골드투자 통장을 통한 매매차익에 대해 실물 금 투자와 동일하게 비과세되었던 적도 있었는데, 현재는 배당소득으로 15.4%가 과세된다.

│ 원화 표시 금 가격(USD/OZ)

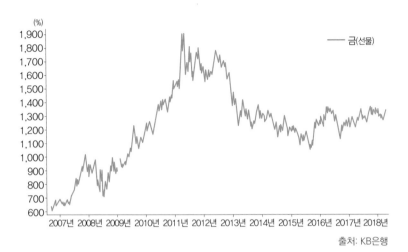

출처: KB은행

보고 있으면 마음이 편안해지는 실물 골드바

과거에는 금을 사려면 귀금속 상가를 찾아야 했지만, 이제는 홈쇼핑뿐만 아니라 은행에서도 금을 골드바 형태로 살 수 있다. 현재 은행에서 골드바를 10g, 100g, 1kg, 이렇게 3가지 종류 중에서 선택해 구매할 수 있다.

금을 통장에 기록된 숫자로 가지고 있는 것과 골드바 형태의 실물로 직접 보고 손으로 만지는 것에는 큰 차이가 있다. 골드바 1kg을 들어봤을 때 생각보다 무거워 놀라기도 하고, 또 보고 있으면 마음이 편안해지는 것을 느끼기도 한다.

하지만 골드바 매수시 10%의 부가세와 제조비용 등을 고려해 골드뱅킹보다 높은 수수료를 지불해야 한다. 예를 들면 5월 4일 16시 59분 골드뱅킹 1kg을 매수했을 때 45,827,290원 대비 골드바는 52,827,290원을 매수해야 한다. 부가세와 매입·매도시의 수수료를 고려하면 구입 시점보다 대략 20% 이상 올라야 손해를 보지 않는 점을 생각해 투자 여부를 결정해야 하고, 매매차익은 비과세된다.

또한 골드바 매입시 자금세탁 등 부정한 목적을 방지하기 위해 현금 구입은 불가능하다. 예금 통장에서 출금 후 매입대금을 결제하도록 정하고 있다.

헷지 수단인 금투자

뉴스에서 '헷지펀드hedge fund'가 국제시장에서 규제를 피해가며 단기 고수익을 추구하는 투기성 자본으로 다뤄지기도 하지만, 사실 헷지hedge란 '울타리'라는 의미의 단어로 '위험을 피하다'라는 뜻을 가지고 있다. 따라서 투자를 하면서 헷지를 한다는 것은 기대와 달리 손실이 발생될 상황이 생길 때 그 손실을 줄여줄 준비를 한다는 의미가 된다.

투자자에게는 물가 상승이나 급격한 경기침체 같은 경제위기가 위험 요인이다. 그런 면에서 금은 실물자산이기 때문에 물가 상승과 연동해 가치가 올라가는 성격이 있고, 경제위기로 인해 부동산 같은 실물자산의 가치가 폭락해 거래가 어려운 순간에도 금은 상대적으로 안정적인 거래가 가능한 안전자산의 성격을 가지고 있다.

또한 금 자체를 투자 수단으로 활용할 수도 있다. 하지만 다른 투자자산의 가치하락 상황을 대비한 위험헷지 수단으로 활용이 가능하다는 것도 알아둘 필요가 있다.

주택청약종합저축,
내집 마련의 시작이다

무주택자라면 내집 마련의 첫 출발은
일찍 만들수록 유리한 주택청약종합저축이다.

청약저축, 청약예금, 청약부금이라는 말을 많이 들어봤는데 무엇이죠?

주택청약종합저축이 나오기 전에는 주택의 규모나 종류에 따라서 청약할 수
있는 통장 종류가 달랐습니다. 공공기관이 짓는 공공주택에 청약하려면 청약저
축이, 일반 주택건설업체가 짓는 민영주택에 청약하려면 청약예금 또는 청약
부금이 필요했었습니다. 현재 이 모두를 합친 것이 주택청약종합저축입니다.

"친구와 포도주는 오래 될수록 좋다"고 한다. 친구는 오래 사귈수
록 우정이 두터워지고, 포도주는 오래될수록 고급 포도주가 된다는
의미를 담고 있다. 엄마가 끓여주는 김치찌개 속 김치도 오래 묵은

김치여야 제맛이 난다. 이처럼 오래되어서 좋은 것들이 있다. 청약 통장도 마찬가지다. 미리 준비해 오래 가지고 있을 수록 좋다.

주택청약종합저축은 외국인 거주자를 포함해 연령에 상관없이 누구나 전 금융기관을 통해 1인 1계좌만 만들 수 있다. 2~50만 원 범위 내에서 월 저축금을 납입해 일정 청약자격을 갖추면 국민주택 및 민영주택에 모두 청약가능한 저축이다.

가입 안 하면 무조건 손해

청약자격(순위) 발생조건은 국민주택과 민영주택, 청약하는 지역에 따라 다르다. 지역별 민영주택 청약예치 기준 금액도 희망주택의 전용 면적별로 다르다. 예를 들면 투기과열지구 기준으로는 가입 후 24개월이 경과하고 납입회차가 24회차 이상이 되어야 1순위 자격을

지역별 민영주택 청약예치 기준금액			(단위: 만 원)
희망주택 (전용면적)	거주지역별 예치금액		
	서울, 부산	기타 광역시	특별시 및 광역시를 제외한 시·군
85m² 이하	300	250	200
102m² 이하	600	400	300
135m² 이하	1,000	700	400
모든 면적	1,500	1,000	500

출처: KB은행

얻는다. 따라서 내가 원하는 지역과 전용면적을 우선 확인하고 개설하는 것이 유리하다.

연체해 입금하는 경우 불이익이 발생할 수 있고, 선납으로 입금하는 경우에는 해당 월의 약정납입일이 도래해야 인정된다. 결국 연체되지 않게 신경쓰고 빨리 개설하는 것이 1순위 자격을 얻는 데 유리하다. 가입 기간별 이자도 붙고, 무주택 세대주 등 일정한 자격이 갖춰진 경우 연 납입금액 240만 원의 40%인 96만 원 한도까지 소득공제 혜택도 있다.

청약가점제 때문에 새 아파트를 분양 받으려면 주택청약종합저축 통장이 필요하다. 1순위 청약자 내에서 경쟁이 있을 경우 무주택기간 32점, 부양가족수 35점, 청약통장가입기간 17점, 총 84점 만점으로 가점 점수가 높은 순으로 당첨자를 선정하는 것이 청약 가점제다.

청약 가점제 때문에 인기 지역 분양시마다 "청약점수 커트라인은?" "70점 이상이면 합격권 예상" 같은 말들이 나오는 것이다. 가점은 집 없는 무주택 기간이 길고, 부양가족이 많으며, 청약통장 가입 기간이 길수록 높은 점수를 받을 수 있다.

대출금리는 상승한 반면 예금금리는 낮아 청년층은 주택 구입 및 전월세 자금 마련에 어려움이 있다. 청약 기능은 그대로 유지하면서 우대금리와 이자소득 비과세 혜택을 강화해 청년층의 주거안정 및 목돈 마련 기회를 제공하기 위한 청년우대형 주택청약종합통장도 있다. 나이와 소득, 주택소유 여부 같은 조건이 충족되어야 가입할 수 있다.

| 무주택 기간(최대 32점)

가점 구분	점수	가점 구분	점수	가점 구분	점수	가점 구분	점수
1년 미만	2	4~5년 미만	10	8~9년 미만	18	12~13년 미만	26
1~2년 미만	4	5~6년 미만	12	9~10년 미만	20	13~14년 미만	28
2~3년 미만	6	6~7년 미만	14	10~11년 미만	22	14~15년 미만	30
3~4년 미만	8	7~8년 미만	16	11~12년 미만	24	15년 이상	32

출처: KB은행

| 부양가족수(최대 35점)

가점 구분	점수	가점 구분	점수	가점 구분	점수	가점 구분	점수
0명	5	2명	15	4명	25	6명	35
1명	10	3명	20	5명	30	7명	–

출처: KB은행

| 청약통장 가입기간(최대 17점)

가점 구분	점수	가점 구분	점수	가점 구분	점수	가점 구분	점수
6개월 미만	1	4~5년 미만	6	9~10년 미만	11	14~15년 미만	16
6개월~1년 미만	2	5~6년 미만	7	10~11년 미만	12	15년 이상	17
1~2년 미만	3	6~7년 미만	8	11~12년 미만	13	–	–
2~3년 미만	4	7~8년 미만	9	12~13년 미만	14	–	–
3~4년 미만	5	8~9년 미만	10	13~14년 미만	15	–	–

출처: KB은행

만능계좌 ISA,
꼼꼼하게 꼭 챙기자

별것 아닌 것 같은 혜택이라며 무시하지 말고,
공짜로 주는 혜택을 챙기며 목돈 마련을 해보자.

개인종합자산관리계좌(Individual Saving Account)가 무엇이죠?

종합자산관리계좌라는 이름처럼 한 계좌에 예금이나 펀드 파생 결합증권 같
은 여러 가지 금융상품을 담을 수 있는 계좌입니다. 일반 국민의 재테크에 도
움을 주는 상품으로 세제 혜택도 있고, 2021년까지 가입 가능한 상품입니다.

'네잎클로버'의 꽃말은 '행운', '세잎클로버'의 꽃말은 '행복'이라고
한다. 대부분의 사람들은 흔한 세잎클로버보다 희귀한 네잎클로버
에 더 큰 의미를 부여한다. 그래서 멀리있는 '행운'을 좇느라 가까이
있는 '행복'을 놓치고 사는 건 아닐까?

재테크도 이와 비슷한 경우가 있다. 작은 혜택을 챙겨가며 차곡차곡 모을 수 있는 기회를 가까이 하고, 멀리 있는 대박 수익률은 가급적 꿈꾸지 않기를 바란다.

ISA를 통해 목돈 만들기

개인종합자산관리계좌Individual Saving Account는 소득이 있는 거주자라면 누구나 가입되지만 전년도 금융소득 종합과세 대상자(이자와 배당 등 금융소득이 2천만 원 이상인 자)는 제외된다. 가입을 위해서는 국세청에서 발급하는 소득 확인증명서(개인종합자산관리계좌 가입용)를 발급받아야 한다. 소득 확인증명서는 홈텍스에서도 발급이 가능하다.

ISA의 종류는 금융기관이 알아서 운영해주는 일임형과 고객이 예금, 펀드, ELS, ETF 같은 상품을 직접 운용지시를 해 자산을 운용하는 신탁형, 이렇게 2가지로 나누어진다.

매년 2천만 원까지 의무가입기간인 5년간 총 1억 원까지 납입이 가능하며, 연간 한도를 채우지 못한 금액은 이월되지 않는다. 기간이 길지만 일부 해지는 가능하다. 근로소득 5천만 원, 사업소득 3,500만 원 이하, 농어민이 가입 가능한 서민형과 15세 이상 29세 이하인 청년형의 경우 의무가입기간이 3년으로 짧다.

ISA(Individual Savings Account, 개인종합자산관리계좌)
한 개의 계좌에 예금, 펀드, ELS 등 다양한 금융상품을 선택해 통합관리하는 계좌

신탁형 ISA
• 인터넷 신규 불가
• 고객이 직접
  ISA 편입상품 선택
• 고객수익률: 상품 선택에
  따라 결정

펀드
ETF
파생결합
증권
(ELS/DLS)
예금

일임형 ISA
• 인터넷 신규 가능
• 투자일임을 받아 은행이
  직접 운용
• 고객수익률: 은행 운용에
  따라 결정

출처: KB은행

세제 혜택이 ISA의 가장 큰 장점

ISA의 가장 큰 장점은 세제 혜택이다. 계좌에서 발생하는 이익에서 손실을 차감한 금액 중 200만 원까지 비과세 혜택을 준다. 농어민 포함 서민형에 가입하면 400만 원까지 비과세 혜택을 주며, 초과이익은 9.9% 분리과세로 적용된다.

발생한 이익과 손실을 합산해서 플러스 부분만 과세한다는 통산개념은 처음 적용되는 개념으로 투자자에게는 매우 유리하다. 중도해지시에는 세제 혜택이 취소되지만, 납입원금 범위 내의 중도인출이 가능해 계좌를 유지할 수 있다.

ELS 투자자라면 ISA 계좌를 활용할 것을 추천한다. 국민 재테크 상품 중 하나인 ELS는 과세 상품이다. 하지만 ELS를 ISA 신탁형에 가입

| ISA 계좌의 세금감면

순이익 200만 원* 까지 비과세

초과 이익은 9% 분리과세

(지방소득세 포함시 9.9%)

*서민형(농어민 포함)은 400만 원까지
비과세(단, 농어민이 일반형 소득 기
준 초과시 일반형 적용)

세금감면 효과

• 순이익 200만 원 초과수익: 분리과세
• 순이익 200만 원 이하: 전액 비과세

구분	일반형	서민형	청년형
비과세한도	200만 원	400만 원	200만 원

출처: KB은행

| ISA 계좌의 손익통산

발생한 이익·손실을 계좌 내 통합과세

• 납입원금 범위 내 인출시 감면세액을 추
징하지 않음
• 특별중도해지*사유 등을 제외한 중도해
지시에는 미적용

*가입자의 사망, 퇴직 등

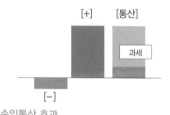

손익통산 효과

①개별상품별 과세: 투자이익 × 세율
②ISA 계좌 내 과세: (투자이익 − 투자 손실) × 세율

출처: KB은행

하고 연간 2천만 원 한도내에서 여유 자금이 생길 때마다 ELS로 운
영지시를 한다면 비과세 혜택을 받을 수 있다.

　조기 상환시마다 새로운 ELS로 운영지시를 해 목돈을 만들면서
세제 혜택을 활용할 수 있다. ISA의 ELS상품 목록이 일반 ELS의 목록
보다 더 좋은 조건으로 나오는 것도 ISA 계좌를 추천하는 이유 중의
하나다.

펀드투자,
전문가에게 맡기되 공부는 필수

가진 돈은 적고, 투자에 대해 아는 게 부족하다면
투자전문가를 통한 펀드 투자가 대안이다.

Q

전문가한테 맡기는 펀드투자도 손실이 발생하는 경우가 많은 것 같습니다. 펀드는 얼마나 위험한 것이고, 어떻게 투자해야 할까요?

한국 프로야구 역대 최고타율은 4할1푼2리입니다. 아무리 전문가라 해도 투자수익을 보장해주지는 못합니다. 그래도 소중한 나의 투자자금을 나보다 더 많은 정보와 분석을 통해 대신 운영해줄 전문가를 활용하는 것이 효율적입니다. 다만 나의 투자성향에 맞는 펀드인지, 투자시 수익구조는 이해되는지를 스스로 꼭 점검해보세요.

A

"살까 말까 할 땐 사지 말아라. 말할까 말하지 말까 할 땐 말하지 말아라. 줄까 말까 할 땐 줘라. 먹을까 먹지 말까 할 땐 먹어라." 서울

대 행정대학원장을 지낸 최종원 교수의 인생교훈으로 알려진 글귀다. 사람들마다 다르게 생각할 수 있지만, 결정을 못하고 갈팡질팡하는 이들에게는 도움이 되는 글귀다.

만약 펀드투자를 두고 '투자할까 말까'를 고민하고 있다면, "투자 안 하고 후회하느니, 투자하고 후회하는 게 낫다"고 조언해주고 싶다. 펀드투자에 대해 좀더 알아둔다면 후회할 일을 줄일 수 있다.

펀드 가입시 꼭 알아야 할 것들

펀드란 여러 사람이 모은 돈을 전문가가 맡아 대신 투자해주는 것이다. 은행금리는 너무 낮고 주식, 채권, 부동산 등에 투자하고 싶은데 가진 돈은 적고 전문지식이 없어 불안한 사람들에게서 돈을 모아 펀드매니저가 대신 운영하고 수수료를 제하고 수익을 돌려주거나 손실이 날 수도 있는 간접투자상품이다.

각 금융기관마다 경제 전망과 함께 과거 일정 기간동안 수익률이 높은 펀드 순위를 만들어 제시하고, 이달의 추천 펀드 목록을 만들기도 한다. 이것은 과거 데이터를 근거로 투자 결정에 도움을 주는 자료일 뿐, 과거 수익률이 미래 수익률을 보장하진 않는다. 오히려 싼 곳에 투자하는 가치투자 입장에서는 투자 대상이 아닐 수도 있다.

펀드는 운용 결과에 따라 높은 수익을 얻을 수도, 원금 손실이 발생할 수도 있는 실적 배당상품이다. 즉 투자원금이 보장되지 않는다는 뜻이다. 투자에 따른 책임은 고객에게 있고, 손실이 발생했을 때 판매 회사나 자산운용 회사가 손실을 보전해주지 않는다. 따라서 펀드 가입 전에 펀드투자 설명서를 통해 내용을 충분히 이해한 후에 투자 방법과 금액을 결정해야 한다.

펀드투자의 장단점을 알자

펀드는 적은 돈으로도 쉽게 투자할 수 있고, 투자 시점과 투자 자산을 분산해 투자할 수 있어 위험을 줄일 수 있다. 예를 들어 부동산에 투자하려면 많은 돈과 복잡한 절차, 구입 후 사후 관리까지 여러 비용들이 필요하지만, 부동산 펀드를 이용하면 다양한 부동산에 운용사가 검토한 자료로 복잡한 절차 없이 투자할 수 있다.

펀드는 전문지식을 가진 전문가가 투자와 운영을 대신해주는 방식이다. 하지만 전문가가 대신 운영한다고 하더라도 펀드의 수익률은 마이너스가 될 수도 있다.

펀드의 이름으로 펀드 특징을 알아볼 수 있다. 펀드는 주된 투자 대상에 따라 크게 증권·부동산·실물 펀드로 나눌 수 있다.

증권 펀드는 주식과 채권 중 어떤 것을 많이 담는지에 따라 고위험·고수익을 추구하는 주식형 펀드와 안정적 수익을 추구하는 채권형 펀드로 나눌 수 있다.

주식형 중에는 성장성이 뛰어난 주식을 주로 담는 성장주 펀드,

기업은 탄탄한데 주가가 오르지 않아 저평가되어 있는 주식을 주로 담는 가치주 펀드, 큰 회사 주식을 담는 대형주 펀드, 작은 회사 주식을 담는 중소형주 펀드, 새롭게 상장하는 회사의 공모주를 많이 담는 공모주 펀드, 배당성향이 높은 주식을 담는 배당주 펀드, 주가지수가 오르내리는 만큼 수익률이 변하는 인덱스 펀드, 주가가 하락하면 수익이 나는 인버스 펀드 등 다양한 종류의 펀드들이 있다.

펀드투자, 어떻게 할 것인가?

증권시장은 장기적으로 가격 변동성이 감소하는 경향이 있으므로 투자 시기를 분산하고 투자 기간을 장기화하면 위험을 줄일 수 있다. 관련성이 낮은 투자 대상으로 분산해 투자하는 것도 위험을 줄이는 효과가 있다.

매입단가 평준화효과Cost Averaging Effect를 활용한 적립식 투자는 일정한 금액을 일정한 기간마다 투자하는 것이다. 주가가 떨어지면 싼 가격에 많은 주식을 사고, 주가가 오르면 적은 수의 주식을 사게 된다. 이렇게 장기간에 걸쳐 매입 단가가 평준화되어 전체적으로 투자 위험을 낮추는 효과가 있다. 적금식으로 돈을 모아 목돈을 만들면서 목표 수익률에 도달하면 환매 후 다시 적립식으로 투자를 시작한다. 적금의 안정성과 주식투자의 수익성을 동시에 추구하는 투자 방법이다.

하지만 적립식 투자 또한 원금손실의 가능성이 있다. 특히 주식시장의 대세 상승기에는 일시에 목돈을 투자하는 것보다 수익률이 낮을 수 있다.

인터넷으로 펀드를 가입한다면 은행을 방문하지 않아도 되어 시간을 절약할 수 있고, 수수료가 일반 펀드보다 저렴하다는 장점이 있다. 하지만 가입펀드 선택 등에 필요한 상담을 은행 직원에게 받을 수 없으므로 펀드 선택이 어렵다.

⧖ 1분 금융 스터디

▶ 투자성향별 투자가능 상품

금융 회사는 투자권유준칙에 따라 투자자의 투자성향을 파악해 그에 적합한 상품을 권유해야 한다.

구분		금융투자상품 위험도				
		초고위험 (파생상품 등)	고위험 (상장주식 등)	중위험 (회사채 등)	저위험 (금융채 등)	초저위험 (국고채 등)
투자성향	공격투자형	○	○	○	○	○
	적극투자형		○	○	○	○
	위험중립형			○	○	○
	안정추구형				○	○
	안정형					○

신탁투자,
믿고 재산을 맡긴다

"내가 원하는 대로, 내가 없더라도
내 재산을 아무쪼록 잘 부탁해."

친척 중 은퇴하고 올해 65세이신 분이 계신데 고민이 있으세요. 첫째는 독립
해서 자리를 잡았지만 둘째가 부모의 도움이 필요한 장애인입니다. 사후에 장
애인 자녀가 재산관리를 제대로 하지 못해 생활이 곤란해질까봐 걱정되신다
는데 해결 방법이 없을까요?

신탁(信託)계약을 하면 금전, 부동산, 채권 같은 재산을 필요에 맞게 설계·관리
해줍니다. 즉 본인이 설계한 목적대로 공신력 높은 은행 같은 신탁회사가 재
산을 관리해주기 때문에 믿고 맡기면 됩니다.

    재산을 안심하고 믿고 맡길 곳이 별로 없다. 하지만 은행처럼 상
대적으로 공신력이 높은 기관이라면 믿고 맡길 만하다.

신탁투자는 은행에 예금을 하면서 믿고 맡긴다고 생각하는 것과는 차원이 다르다. 예를 들면 "10억 원을 맡길 테니 정기예금, ELS, 펀드에 분산투자하면서 수익이 나오면 생활비 통장에 넣어주고, 만일 내가 죽게 되면 자녀들에게 균등하게 나눠주되 매월 300만 원만 찾아갈 수 있도록 관리해주세요." 같은 맞춤형 주문도 가능하다.

하지만 현실적으로는 수수료 부담 등으로 인해 금전을 위주로 표준화된 형태의 신탁信託상품이 많다. 구체적으로 어떤 유형의 신탁상품이 있는지 살펴보자.

무엇이든 원하는 대로 신탁할 수 있다

남겨질 장애인 자녀를 위한 신탁

부모의 사후에도 사회적 약자인 장애인 자녀가 자립해 살아갈 수 있도록 은행이 부모가 남긴 재산을 부모가 설계한 대로 안전하게 관리하고 지급하는 신탁상품이다. '부모 사후 중도해지 불가 특약'을 체결하면 장애를 가진 자녀의 재산권을 평생 보호할 수 있다.

남겨질 장애인 자녀에 대한 상속금 지급은 분할 지급과 일시 지급이 가능하다. 분할 지급형은 제3자의 자금 편취 등으로부터 보호하기 위해 중도해지가 불가능하다. 일시 지급형은 부모 사후에 남겨진 자금을 일시에 지급함으로써 자녀가 목돈을 필요에 따라 사용하게 할 수 있다.

138

가족과도 같은 반려동물을 위한 신탁

독일에는 신탁계약을 통해 주인으로부터 1,700억 원이 넘는 재산을 상속받은 개, '군터 4세'가 있다. 이 개는 미국의 유명 팝가수 마돈나가 소유하던 저택을 74억 원에 매입하는 등 신탁 관리인을 통해 계속 재산을 불려나가고 있다.

국내에서도 반려동물이 주인의 사후에 계속해서 돌봄을 받을 수 있도록 새 부양자를 지정하고 주기적으로 부양비를 지급받을 수 있도록 하는 신탁상품에 가입할 수 있다. 일시금으로 200만 원 이상, 월적립으로는 1만 원 이상이면 가입할 수 있고, 납입 최대한도는 1천만 원이다. 현재 지정된 애완동물이 맞는지 확인 가능해야 하는 문제점 때문에 개와 고양이 정도만 가입할 수 있다.

무엇이든 원하는 대로 가능한 신탁

이 외에도 고객이 원하는 다양한 목적에 맞춘 신탁상품들이 있다. 신탁상품의 이름을 보면 그 특성을 쉽게 이해할 수 있다.

- 부동산 신탁: 고령의 나이, 해외 이민 등의 이유로 본인이 보유한 부동산을 직접 관리하거나 처분하기 어려운 경우 부동산의 각종 행정신고, 납세, 임대 관리, 개발 같은 종합적 관리부터 보유 부동산 처분까지 맡길 수 있는 신탁
- 금지옥엽 신탁: 조부모들이 손주들의 특별한 순간에 선물을 주고 손주에게 주기적으로 용돈을 줄 수 있는 신탁

- 안심상속 신탁: 사망 후 고객이 생전에 설계한대로 상속 절차를 은행이 진행해주는 신탁

- 스마트증여 신탁: 분할 증여를 통해 증여세를 절감해주는 신탁

- 기부연금 신탁: 일정 금액을 기부 후 남은 금액은 연금으로 지급받다가 사망 후 생전에 지정한 비율만큼 추가 기부하는 신탁

이처럼 이름만으로도 상품 특성이 쉽게 예측되는 다양한 신탁상품들이 그때그때의 사회 변화를 감지해 특색있는 금융상품으로 나오고 있다.

연금,
은퇴한 나에게 주는 월급

세상에서 가장 중요한 3가지 금은 황금, 소금, 지금!
노후 생활에는 그보다 더 중요한 '연금'이 있다.

결혼 준비와 내집 장만 계획으로 여유자금이 없는데, 거래 은행 직원은 연금 저축이 꼭 필요한 '머스트 해브 아이템'이라며 권하네요. 국민연금도 넣고 있고, 노후 준비는 당장 급하지 않은데 천천히 가입해도 되겠죠?

연금저축은 노후 준비를 위해 중요한 연금상품이고, 연말정산시 세액공제 혜택까지 부여되는데도 망설이게 되는 건 노후가 먼 훗날 일이라 생각하기 때문이에요. 지금 퇴직하신 분들이 가장 후회하는 건 '연금상품에 미리 가입해둘걸'이라는 점, 잊지 마세요!

우리가 해야 할 일을 중요성과 신속성을 기준으로 나누면 다음과 같이 크게 4가지로 나눌 수 있다. 중요하고 급한 일, 중요하지만 급하지 않은 일, 중요하지 않지만 급한 일, 중요하지도 급하지도 않은 일.

대부분의 사람은 '중요하고 급한 일'을 먼저 하지만 '중요하지만 급하지 않은 일'과 '중요하지 않지만 급한 일' 중에서는 '급한 일'을 먼저 하는 경우가 많다고 한다. 하지만 세계적으로 인정받는 리더십 권위자이자 컨설턴트인 스티븐 코비Stephen Covey는 『성공하는 사람들의 7가지 습관』이라는 저서에서 "소중한 것을 먼저 하라"고 제안했다.

행복한 노후생활을 위한 '연금 준비'는 급하지 않지만 꼭 필요한, 소중한 일이라는 인식이 필요하다.

연금 준비는 일찍 시작하는 것이 중요하다

100세 시대로 기대 수명이 길어지는 지금, 연금저축을 국민연금, 퇴직연금과 묶어 '노후 준비 3종 세트'라고 부른다. 연금저축은 연령 제한 없이 국내 거주자는 모두 가입 가능하다. 5년 이상 일정금액을 투자해 만 55세부터 연금으로 수령할 수 있는 상품이다. 연 1,800만 원 이내로 자유롭게 납입 가능하며, 연간 납입액 최대 400만 원 한도까지 세액 공제가 적용된다. 13.2%로 세액 공제되며, 종합소득금액이 4천만 원 이하이거나 근로소득만 있는 경우, 총 급여액이 5,500만 원 이하인 경우에는 16.5% 세액공제 받을 수 있다.

어떤 금융 회사가 연금저축을 만드는지에 따라 연금보험(생보, 손보), 연금신탁(은행), 연금펀드(자산운용사)로 나뉜다. 이 상품들은 은행에서 모두 가입 가능하지만 연금신탁은 2019년 기준 가입이 중지되어 있다. 중도에 해지하거나 연금수령 이외의 방식으로 자금을 인출하는 경우 16.5%의 기타소득세가 부과되는 점은 노후 준비를 위해 해지를 못하게 하는 장점이자 단점이다.

아인슈타인Alvert Einstein은 인간의 가장 위대한 발명이 복리라고 했다. 연금저축은 '원금+수익+아낀 세금'이 다시 원금이 되어 반복적으로 굴러가는 재투자 효과를 극대화한 자산증식 방법이다. 절세한 16.5%의 세금이 55세 이후 연금수령시 저율의 연금소득세(3.3~5.5%)로 과세되기 때문에 큰 이득이다.

개인형 IRP란 퇴직시 수령할 퇴직급여 및 본인의 여유자금을 자유롭게 적립해 노후자금으로 활용하기 위한 제도다. 근로자 및 공무원, 군인, 자영업자 등 소득이 있는 모든 사람은 가입이 가능하다.

개인의 추가 납입은 연금저축과 기업형 IRP 가입자 부담금과 합산해 연간 1,800만 원까지 저축 가능하다. 연금저축계좌 세액공제 400만 원 한도와 별도로 퇴직연금 가입자 부담금에 대해 세액공제 대상금액 300만 원이 추가된다.

연금저축이 없다면 개인형 IRP만으로 최대 700만 원까지, 즉 최대 115.5만~92.4만 원이 절세 혜택이 되고, 연금저축 400만 원을 넣었다면 개인형 IRP에 추가 300만 원을 저축해 최대 절세 혜택을 받을 수 있다.

은퇴를 앞두고 있다면 그동안 준비한 연금을 어떻게 수령할지 고민이 될 것이다. 연금을 효과적으로 수령하는 첫 번째 단계는 내가 가입하고 있는 연금이 어떤 연금인지 확인하는 것이다. 왜냐하면 개인연금 제도가 여러 차례 변경되어 가입시기 및 상품별로 적용되는 내용이 다르기 때문이다.

두 번째 단계는 연간 연금수령액을 1,200만 원 이내로 하는 것이다. 연금 수령액이 연간 1,200만 원을 넘으면 저율의 연금소득세가 아니라 다른 소득과 합산되어 수령한 연금 전액에 대해 더 높은 6.6~44% 종합소득세율이 적용된다. 따라서 연금수령액이 연간 총 1,200만 원을 넘지 않도록 연금수령 시기 및 수령기간을 정하는 것이 좋다. 단, 1,200만 원 초과 여부 산정시 국민연금, 군인연금, 사학연금 같은 공적연금과 퇴직일시금을 퇴직연금계좌에서 연금으로 수령하는 경우는 제외된다.

세 번째 단계는 연금수령을 10년 이상의 기간 동안 나눠서 수령하는 것이다. 연금소득으로 인정되는 연간 한도인 연금수령한도가 넘을 경우 초과한 금액에 대해 기타소득세가 부과되어 손해를 볼 수 있다.

네 번째로 연금 개시는 가급적 늦게, 수령은 오랫동안 받는 것이 유리하다. 연금은 만 55세 이후부터 고객이 연금 필요시점을 선택해 수령할 수 있다. 연금저축과 퇴직연금 본인납입액에 적용되는 연금소득세율은 연금을 수령하는 가입자의 나이가 많을수록 낮아지기 때문에 여유가 있는 경우에는 연금수령 시기를 늦춰서 부담해야 할 세금을 줄일 수 있다.

⌛ 1분 금융 스터디

▶ 복리의 마법과 인디언

1626년 미국 맨해튼에 건너온 이민자들은 인디언들로부터 맨해튼 땅을 약 24달러 정도에 통째로 샀다고 한다. 한 신문기사 내용에 따르면 380년이 지난 2006년도의 맨해튼 땅값은 약 600억 달러로 뛰었다고 한다. 그렇다면 인디언들은 맨해튼 땅을 판 것이 손해였을까? 만약 인디언이 복리의 마법을 알았다면 정답은 '아니오'다. 인디언이 땅값 24달러를 투자해 매년 6%의 복리 수익을 얻었다면 2006년도에는 992억 달러(약 100조원)가 되었을 것이기 때문이다.

대출,
너 때문에 울고 웃는다

대출은 단순하게 '좋으냐 나쁘냐'가 아닌
'꼭 필요한지 아닌지'와 상환 능력으로 판단하자.

'빚 권하는 사회'라는 다큐 프로그램을 봤는데, 대학생의 학자금 대출부터 노
인들의 생계형 빚까지 대출로 인한 피해가 큰 것 같아요. 저는 대출은 아예 생
각도 안 하고 살려고 하는데 좋은 방법인가요?

자동차 사고현장이 끔찍하다고 자동차 없이 살 수 없듯이, 대출에 대해 잘 알
고 활용하면 미래를 희생해서 좀더 나은 현재를 만들어 나갈 수도 있어요. 하
지만 대출받는 것이 쉽다고 쉽게 갚을 수 있다는 생각은 하지 마세요.

대출은 좋은 것일까, 나쁜 것일까? 컵에 물이 반쯤 담겨 있는 것을
보고 누군가는 "반 밖에 안 남았네"라고 하고, 또 다른 누군가는 "아
직 반이나 남았네"로 다른 반응을 보일 수 있다.

대출도 그렇다. 누군가는 대출받아 집을 샀다가 하우스푸어가 되었다며 후회하기도 하고, 누군가는 전세금에 대출금을 보태 집을 샀어야 했는데 그러지 않은 것을 후회하기도 한다. 이처럼 누군가에게는 대출이 좋은 것일 수도 있고, 또 다른 누군가에게는 나쁜 것이 될 수도 있다.

나쁜 대출을 만나지 않으려면 대출상품에 대해 제대로 이해해야 한다. 또한 이 대출이 자신에게 '꼭 필요한지 아닌지'와 자신의 상환 능력이 충분한지 꼭 고려해야 한다.

고정금리와 변동금리 중 어떤 게 좋을까?

신용대출은 은행 주거래 실적, 직업, 직장, 신용도 같은 정보에 의해 실행되는 대출이다. 재직 확인서류나 소득 확인서류를 제출하고, 은행 개인신용평가 시스템에 의해 금액과 대출금리가 산출된다. 주거래고객 대출의 경우 은행 방문 없이 인터넷 뱅킹에서 신청만으로도 대출이 실행된다. 흔히 '마통'이라 불리는 '마이너스통장 대출'은 신용대출의 일종으로 입출금 통장에 대출한도를 설정하고 그 범위 내에서 수시로 빌려쓸 수 있다.

담보대출은 부동산 같은 유형자산 및 무형자산을 은행에 저당잡히고 실행되는 대출이다. 재직 확인서류나 소득 확인서류 외에 담보 설정을 위한 인감 도장, 인감증명서, 등기권리증(집문서)이 추가로 필요하다. 담보대출은 대부분 신용대출보다 금리는 낮고, 대출 소요 시간은 더 오래 걸린다.

대출금리는 '기준금리＋가산금리－우대금리'로 결정된다. 은행은 매주 기준금리를 결정해 고시한다. 변동금리대출의 경우 매 금리 재산정주기가 도래하는 날에 은행이 고시한 기준금리와 가산금리, 우대금리 적용기준에 따라 대출금리가 산정된다.

대출 신청 시점에는 대부분의 경우 변동금리가 고정금리보다 낮지만 향후 금리 인상이 예상될 경우에는 고정금리가 유리할 수도 있다. 다만 고정금리도 5년 후에는 다시 금리가 재산정되기 때문에 현재 시점 변동금리와 고정금리의 차이와 향후 5년간 금리 상승폭을 감안해 결정해야 한다.

대출한도를 정하는 LTV와 DTI

정부와 은행권은 가계부채 종합 관리 방안에 따라 처음부터 갚을 수 있는 만큼 대출 구조를 나누어 갚는 방식을 원칙으로 하고 있다. 2018년부터 총체적 상환능력 비율DSR, 임대업 이자상환 비율RTI과 개인사업자 대상으로 소득 대비 대출 비율LTI 같은 제도가 첫 시행되면서 빚이 있는 사람은 대출받기가 더 까다로워졌다.

부동산 담보대출의 한도를 결정하는 기준 중 대표적인 것으로 LTV, DTI가 있다.

담보로 맡길 주택평가 금액 대비 대출을 얼마나 받을 수 있는지에 대한 비율을 나타내는 것이 LTVLoan To Value Ratio(주택담보대출비율)다. 예를 들면 3억 원짜리 주택의 LTV가 50%라면 빌릴 수 있는 최대 금액은 1억 5천만 원이 된다.

자신의 총 소득에서 대출의 원리금을 상환하는 금액을 비율로 나타내는 것이 DTIDebt To Income다. DTI로 대출자가 상환할 수 있는 능력을 검증할 수 있다.

조기상환 수수료와 금리 인하 요구권이란?

여유 자금이 생겨 대출받은 것을 상환하려 할 때도 조기상환 수수료가 발생한다.

조기상환 수수료

= 조기상환원금×수수료율(신용대출 0.7%, 부동산담보대출 1.4%)×(잔존일수/ 대출 기간)

잔존 기간은 대출 기간을 최대한 3년으로 정해 남은 기간이다. 대출 실행 후 3년 시점에 가까워질수록 조기상환 수수료는 줄어들고, 3년 후에는 조기상환 수수료가 없다. 조기상환 수수료가 아까워 여유 자금이 있는데도 대출이자를 내고 있는 것은 오히려 더 손해일 수 있다.

금리 인하 요구권은 가계대출 사용 고객이 직장의 변동, 연소득의 변동, 직위 변동 같은 신용상태 변동으로 신용이 더 좋아졌다고 생각될 경우 증빙자료를 은행에 제출하고 이를 바탕으로 재평가를 받아 금리 변경을 요구할 수 있는 제도다.

> ⧗ 1분 금융 스터디
>
> ▶ 대출금리를 싸게 받는 방법
>
> 한 은행에 거래를 집중해 주거래 고객이 되면 대출금리도 혜택을 받을 수 있다. 우대금리 적용 항목을 보면 주거래 고객 우대, 급여(연금)이체 실적 우대, 신용카드 이용실적 우대, 자동이체 거래실적 우대, 스타뱅킹 이용실적 우대, 적립식 예금 계좌 보유 우대 등이다. 우대금리 적용을 받은 조건은 주기적으로 재산정되기 때문에 우대금리를 받은 조건들을 계속 유지해야 한다.

외환업무,
싸고 편리하게 하는 방법이 있다

일상 생활의 한 부분이 된 환전과 해외송금!
보다 싸고 쉽게 하는 방법은 따로 있다.

큰 마음 먹고 하와이 여행을 예약했습니다. 환전하기 위해 은행에 갔는데, 창구 직원이 제가 주거래 고객이기 때문에 좋은 환율로 우대해드릴 수 있다고 했습니다. 환율이 어떻게 적용되는지와 금액 제한 없이 환전을 할 수 있는지 궁금합니다.

은행에서는 매매기준율을 기준으로 좀더 낮은 환율로 고객으로부터 매수하고, 좀더 높은 환율로 고객에게 매도합니다. 소유 목적으로 제한 없이 환전하는 것은 가능하나 출국시 휴대해 나가는 것과 송금을 보내는 것은 외국환 관리법의 제한을 받습니다.

많은 고객이 보다 많은 환율 우대를 받으려고 먼 곳에서 시간을 내서 찾아와 환전을 한다. 따져보면 여행 경비가 소액이라서 환율 우대받은 금액으로는 택시 비용도 나오지 않는데 말이다.

이처럼 환전할 때 적용되는 '환율 우대'는 대부분의 사람들에게 매우 민감하다. 하지만 제일 편안하게 최고 환율 우대를 받는 방법은 모바일과 인터넷 뱅킹을 통해서 가능하다.

기준 환율에서 고시된 고객 적용 환율을 뺀 것을 매매 마진율이라고 한다. 인터넷 뱅킹으로 환전시 매매 마진율의 50%를 기본으로 우대받고, 조건에 따라 최대 90%까지 환율 우대를 받을 수 있다. 은행 최고 등급인 MVP고객이라도 공항 환전시에는 환율 우대를 받지 못하기 때문에 출국 전에 미리 준비해야 한다. 본인이 지정한 은행 영업점이나 공항 환전소에서 외화를 수령할 수 있고, 우체국의 외화 현찰 배달 서비스를 통해 원하는 장소와 날짜에 외화 실물을 배송받을 수 있어 매우 편리하다.

300달러 이상의 금액을 환전하면 해외 여행 기간은 물론 다시 집에 도착할 때까지 여행중 사망후유장해, 상해의료비, 수하물 지연 등 각종 손해를 보상해주는 해외 여행자 보험도 무료로 가입할 수 있다.

환율은 실시간으로 변동되고 변동 폭 또한 크다. 인터넷에서 맞춤 환율 통지 서비스를 등록해놓으면 등록한 환율범위 내로 은행 고시 환율이 도달할 때 핸드폰 문자메시지와 전자메일로 손쉽게 연락받을 수 있다.

미국 금리 인상시 외화예금으로 투자수익 가능

외화도 원화처럼 외화 계좌를 만들어 입금 및 출금을 할 수 있다. 2018년 7월 13일 기준 1년 만기 연 2.2%의 금리를 주는 외화정기예금도 있다. 해외 여행 후 남은 외화를 외화 통장에 입금해두었다가 나중에 필요할 때 출금해 사용할 수 있다.

향후 미국 금리가 상승되면 달러의 인기가 높아지고, 달러 강세는 원 달러 환율 상승, 원화 강세는 원 달러 환율 하락을 의미한다. 달러 강세가 예상된다면 현재의 낮은 환율로 달러를 사서 외화 예금을 해놨다가, 환율이 높아질 때 달러예금을 찾은 후 달러를 팔면 차익을 얻는다. 환차익은 소득세 비과세 대상이기까지 하다. 달러 강세일 때 달러 ETF에 투자할 수도 있지만 샀던 당시의 환율, 금액, 날짜가 통장에 기록되어 쉽게 볼 수 있는 외화예금도 좋다.

은행에서는 이민이나 유학 관련 금융업무를 전담하는 외환프라자를 운영하고 있다. 외환프라자는 재외동포, 해외이주자, 주재원, 유학생 등의 고객을 대상으로 월드종합서비스를 제공하는 곳이다. 월드종합서비스란 해외이주(예정)자 또는 해외거주고객이 해외에서도 은행의 각종 금융업무를 처리할 수 있는 서비스다. 출국 후에 전화나 팩스 등을 통해 추가 송금, 자금 이체, 예금 신규, 세금 납부 대행 등의 모든 금융업무를 고객별로 관리해준다.

현재의 삶과 미래의 삶 중 어느 것에 더 중점을 두고 살고 있느냐에 따라 삶이 달라진다. 양 극단에 있는 이들을 욜로족(YOLO)과 파이어(FIRE)족이라고 한다. 현재의 소비를 중요시하는 욜로족, 극단적인 저축으로 조기 은퇴를 꿈꾸는 파이어족 모두 동시대의 젊은 세대들에게 나타나는 현상이다. 경제적 자유란 좋은 집, 좋은 차, 명품, 여행 등 각자의 기준에 따른 정의가 다 다르겠지만 모든 이들이 꿈꾸는 경제적 자유란 살 집이 있으며, 생계 때문에 하기 싫은 일을 억지로 하지 않아도 되는 단계일 것이다. 좀더 큰 수익의 기회가 주어지는 증권상품에 대한 이해를 통해 크고 작은 투자 기회를 잡을 수 있다면 그 꿈이 조금 더 가까이 다가올 것이다.

5장

경제적 자유는
증권상품으로 도전한다

매일매일 높은 금리를
쌓아주는 CMA

단기 자금을 고수익으로 운용할 수 있고,
덤으로 다양한 서비스를 통한 이용혜택도 누릴 수 있다.

최근에 적금이 만기가 되어 종자돈 3천만 원이 생겼습니다. 전세비용에 보탤
지, 집을 살지 아직 결정을 하지 못했습니다. 언제든지 써야 하는 돈이기에 장
기투자는 어려울 거 같습니다. 언제든지 입출금이 가능하면서 이자를 받을 수
있는 금융상품은 없을까요?

있습니다. 자유로운 입출금은 물론이고 지로·공과금 납부, 신용카드, 종합대출
까지 편리한 금융서비스를 제공하면서 고수익까지 제공하는 토탈 금융서비스
인 CMA계좌를 활용하세요.

A

결혼 3년차인 지 대리는 얼마 전에 급여 통장을 증권사의 종합자
산관리계좌 CMA_{Cash Management Account}로 바꾸었다. 적금이 만기가 되

어 종잣돈과 연말 상여금을 모아보니 꽤나 큰 목돈이 생겼다. 몇 달 후에 만기가 되는 전세비용에 보탤지 혹은 내집 마련을 할지 아직 결정을 내리지 못하고 고민중이었다. 언제든지 써야 하는 돈이기에 만기가 정해져있는 장기투자는 어려운 상황이었다. 이자가 거의 없고 입출금이 자유로운 예금에 돈을 맡겨놨던 지 대리는 고민 끝에 CMA로 갈아탔다.

CMA는 하루만 맡겨도 1.5% 이상의 이자를 받고, 꼼꼼하게 고수익 조건을 맞춘 덕에 3%의 별도 수익률도 챙길 수 있게 되었다. 이제 지 대리는 365일 내내 자유로운 입출금은 물론 지로/공과금 납부, 신용카드, 종합대출까지 편리한 금융서비스를 이용하며 고수익까지 받을 수 있는 CMA로 주거래 통장을 바꾸고, 마음 편하게 여유자금을 운영하고 있다.

하루만 맡겨도 수익이 발생한다

본래 CMA는 종합금융 회사가 고객으로부터 예탁받은 돈을 어음 및 채무증서 등에 운용하고 그 수익을 고객에게 지급하는 수시입출금이 가능한 금융상품을 지칭하는 용어다. 20여 년 전부터 종금사에서 이 용어를 사용하고 있었다. 하지만 증권 회사에서도 고객의 유휴자금을 자동으로 MMF, RP 등에 투자하면서 수시입출금이 가능한 금융서비스에 CMA라는 명칭을 사용하기 시작했다.

돈이 생기면 꼭 돈 나갈 구멍이 생기는 징크스를 모두 한 번쯤은 경험해봤을 것이다. 중도에 해지하게 되면 약정했던 이율보다 훨씬 낮은 이자율이지만 울며 겨자먹기로 정기예금을 해지해야 하는 경우를 겪어봤을 것이다.

CMA의 가장 큰 장점은 금액과 상관없이 단 하루만 맡겨도 보통예금보다 더 높은 이자를 받을 수 있다는 것이다. 게다가 금융기관 별로는 간단한 조건만으로도 별도 우대 수익률을 추가로 받을 수도 있다.

실제로 만기 개념 없이 매일매일 금리를 쌓아주는 CMA계좌로 많은 직장인들이 급여 통장을 은행계좌 대신 이용하는 추세이다. 각종 공과금 자동이체 등을 통해 고금리 혜택을 받고 있다. 주거래 통장 고객을 유치하기 위해 증권사들은 경쟁적으로 다양한 편의성을 내놓고 있으며, 그만큼 투자자들은 CMA로 많은 혜택을 누릴 수 있게 되었다.

CMA는 입출금이 자유롭고, 공과금 자동납부, 급여이체 인터넷뱅킹 등 은행업무가 가능하다. 전국 CD/ATM기 입출금 및 이체가 가능하고, 회사에 따라서 공모주 청약 우대자격도 주어진다. 수시입출금식 담보대출 서비스나 신용카드나 체크카드 기능을 겸비한 상품도 출시되어 활용 범위가 넓어지고 있는 추세다.

다양한 유형의 CMA에서 현명하게 선택하기

CMA는 운용대상에 따라서 RP(환매조건부채권)형, 종금형, MMF형, MMW형 등으로 나누어진다. 운용구조에 따라 투자자가 주의해야 할 점도 제각기 다르다.

예금자 보호가 되는 종금형 CMA와 그 외 증권사 발행 CMA는 원금보장이 되지 않지만 단기 초우량 금융상품으로 구성해서 실질적으로는 손실이 날 확률은 희박하다. CMA상품은 기본적으로 고정금리가 아닌 한국은행의 금리 결정에 따라 오르고 내리는 변동금리라는 점도 명심해야 한다.

CMA는 단기적으로는 좋지만 장기적으로 본다면 큰 재테크 수단은 아니다. 그러므로 장단기 자금을 적절히 잘 계획해 효과적으로 CMA에 투자해야 한다.

| CMA의 4가지 유형

종류	RP형	종금형	MMF형	MMW형
투자 방식	국공채, 우량회사채 등에 투자해 약정 수익률에 따라 이자 지급	수익증권, CP, CD 등으로 운용	자산운용사가 단기국공채, CP, CD등에 투자해 운용	증권사가 채권 및 CP, CD등에 투자해 운용
특징	약정된 수익률을 기간별 차등 지급	1인당 5천만 원까지 예금자 보호되는 상품	익일환매	WRAP상품의 일종
수익률 형태	확정금리형	실적배당	실적배당	실적배당

1분 금융 스터디

▶ MMF

MMF(money market fund)란 단기금융상품에 집중투자해 단기 실세 금리의 등락이 펀드 수익률에 신속히 반영될 수 있도록 한 초단기공사채형 상품이다. 즉 고객이 돈을 모아 주로 금리가 높은 CP(기업어음), CD(양도성예금증서), 콜등 단기금융상품에 집중투자해 여기서 얻는 수익을 돌려주는 실적배당 상품이다. 고수익 상품에 운용하기 때문에 다른 종류보다 돌아오는 수익이 높은 게 보통이다.

외화예금 대신 해외채권투자,
꿩 먹고 알 먹고다

해외채권 투자시 이자수익, 매매차익, 환차익이 가능하다.
덤으로 비과세 혜택도 챙길 수 있다.

Q

외화예금은 금리가 너무 낮은데, 좀더 높은 수익을 추구하는 외화투자상품은
없나요?

있습니다. 해외채권에 투자하고 '환 헤지'를 하지 않으면 이자수익, 매매차익,
환차익까지 동시에 추구할 수 있어요.

A

　무역업으로 달러 여유자금이 많은 김 사장은 지난 몇 년 동안 연
1% 초반의 수익에 만족해야 했다. 마땅한 투자처가 없어 외화예
금에 넣어두었기 때문이다. 하지만 지난 1년 동안에는 연 19.8%의
수익을 얻었다. 러시아 채권투자를 통해 7%대의 높은 이자수익과

10% 이상의 환차익도 발생했기 때문이다. 김 사장은 PB팀장의 권유로 해외채권투자를 시작하기를 잘했다고 생각하고 있다.

재테크에 관심을 가진 투자자라면 "진짜 부자들은 채권에 투자한다"라는 말을 한 번쯤은 들어봤을 것이다. 최근에는 고수익을 가져다주는 외국의 국채가 자산가들의 입에 오르내리고 있다. 채권은 상대적으로 주식보다 투자위험이 낮기는 하지만, 투자 결정을 하기 전에 이자율, 신용등급, 환율, 절세효과 등을 꼼꼼하게 살펴볼 필요가 있다.

높은 금리만 보고 투자하면 하수다

먼저 이자율을 잘 살펴보아야 한다. 현재 우리나라의 정기예금 금리는 연 2% 내외로 낮은 편이지만, 브라질 국채 같은 경우 표면금리가 연 10%로 높은 편이다. 다만 해당국의 유통수익률이 표면금리보다 높다면 액면금액보다 좀더 비싸게 구입하게 되므로 투자금액 대비 실제 수익률이 어느 정도인지 살펴봐야 한다. 또한 해당 국가의 금리가 향후 낮아질 가능성이 높다면 채권 가격 상승이 기대되므로 좀더 매력적인 투자처라 할 수 있다.

두 번째로 부도 가능성을 가늠해볼 수 있는 신용등급을 잘 살펴야 한다. 일반기업보다는 국가나 공공기관이 발행한 경우 좀더 안정성이 높지만 그리스, 아르헨티나, 베네수엘라 등 디폴트를 선언한 국가들도 있으니 주의가 필요하다.

세 번째로 환율도 잘 고려해야 한다. 투자시점과 이자·원금 회수 시점의 환율 차이가 발생하면 손익이 발생된다. 환율변동에 따른 위험을 피하려면 미리 일정 수준의 환율로 고정시키는 선물환 헷지 계약을 하면 된다. 경우에 따라서는 환헷지 계약으로 환차익이 일부 보장되기도 한다. 투자 시점보다 회수 시점의 환율이 낮아질 것으로 기대된다면 헷지를 하지 않는 것이 더 유리해진다.

마지막으로 고려할 점은 비과세 혜택이다. 채권의 액면이자는 과세 대상이지만, 매매차익과 환차익은 과세 대상에서 제외되므로 유리하다. 또한 브라질 채권의 경우 조세조약에 따라 액면이자도 비과세되므로 높은 소득세율이 적용되는 투자자라면 좀더 적극적인 관심을 가져볼 필요가 있다.

돈 되는 해외채권 선택 방법

해외채권의 경우 만기, 발행통화, 신용등급, 발행구조 등에 따라 수익률 차이가 나고, 다양한 라인업이 존재하고 있다.

일반적으로 채권발행자가 동일하면 만기가 길어질수록 더 높은 수익률로 발행되고, 동일만기의 채권이라면 발행자의 신용등급이 낮을수록 더 높은 수익률로 발행된다.

발행자와 만기가 동일한 채권이라도 발행통화가 현지통화인지 혹은 달러화인지에 따라 수익률이 달라지기도 하며, 환율리스크가 좀 더 큰 이머징마켓의 통화일수록 수익률이 높다. 이러한 상관관계를 바탕으로 해외채권투자의 성공 가능성을 한층 높여줄 여러 팁을 살펴보자.

첫째, 채권투자 이후 기준금리 인하 가능성이 높은 곳에 투자한다. 금리가 인하되면 그보다 높은 액면이자를 주는 기존 발행채권의 가격은 오르게 되고, 차익을 얻을 수 있다.

둘째, 채권 만기까지 보유해도 되는 여유자금으로 투자한다. 채권투자 이후 금리가 변동되면 채권 가격도 변동되므로 매매 손실 가능성이 생긴다. 하지만 채권을 만기까지 보유하면 채권 가격 변동위험은 걱정할 필요가 없다.

셋째, 국가간 조세조약으로 세금이 면제되는 브라질 국채에 주목하라. 브라질 국채는 약 10%의 액면이자와 비과세가 매력적이지만, 헤알화의 환율 변동이 심한 점과 브라질의 신용등급은 유의할 필요가 있다.

마지막으로 환율 안정성이 낮은 해당 국가에서 현지통화가 아닌 달러로 발행된 채권에 투자하고 만기까지 보유하는 전략도 추천할 만하다. 금리 변동에 따른 채권 가격 변동에 신경쓰지 않고도 확정 수익을 얻을 수 있고, 원 달러 환율이 유리한 시점에 원화로 환전하면 환차익까지 안정적으로 챙길 수 있어 '꿩먹고 알먹는' 투자가 가능하기 때문이다.

해외채권은 만기와 신용도가 유사하더라도 국내채권보다 금리 수

| 외화 채권 신용등급표

구분	Moody's	S&P	Fitch	등급 의미
투자적격등급	Aaa	AAA	AAA	최고의 지불능력을 보유한 최고의 신용등급
	Aa1	AA+	AA+	우수한 지불능력을 보유한 신용등급
	Aa2	AA	AA	
	Aa3	AA−	AA−	
	A1	A+	A+	상당한 지불능력을 지니고 있지만 경제상황이나 환경의 변화에 다소 지불능력이 변동될 수 있는 신용등급
	A2	A	A	
	A3	A−	A−	
	Baa1	BBB+	BBB+	적절한 지불능력을 지니고 있지만 경제 상황에 따라 지불능력이 변동될 수 있는 신용등급
	Baa2	BBB	BBB	
	Baa3	BBB−	BBB−	투자가능등급 중에서는 가장 낮은 신용등급
투자부적격등급	Ba1	BB+	BB+	단기적으로 지불능력이 취약하지 않지만 주요 계속 사업의 불확실성이 재정과 경제상황에 따라 불리한 상황에 있을 수 있는 신용등급
	Ba2	BB	BB	
	Ba3	BB−	BB−	
	B1	B+	B+	재정과 경제상황이 불리하게 전개될 경우 더욱 취약할 수 있지만 현재는 지불능력을 보유하고 있는 신용등급
	B2	B	B	
	B3	B−	B−	
	Caa1(Moody's), CCC+(S&P), CCC(Fitch) 이하 등급 세부구분 생략			

166

준이 좀더 높은 편이다. 국내 신용평가사에서 부여받은 국내 신용등급보다 S&P나 무디스Moody's 같은 국제 신용평가사에서 부여하는 국제 신용등급이 더 엄격해 유사한 조건의 채권이라도 국내보다 낮은 신용등급을 받는다. 따라서 해외에서 거래할 때보다 높은 금리를 받을 수 있다.

⏳ **1분 금융 스터디**

▶ 이머징마켓

자본시장 부분에서 새롭게 급성장하고 있는 국가들의 시장을 뜻한다. '떠오르는 시장(emerging market)'이라는 뜻으로 신흥시장이라고도 한다. 용어의 의미 그대로 금융시장, 그 중에서도 특히 자본시장 부문에서 급성장하며 떠오르는 시장을 가리키는데, 1981년 세계은행의 이코노미스트인 앙투안 반 아그마엘이 아시아 지역에 투자하기 위해 조성한 사모펀드인 '이머징마켓 성장펀드'에서 유래한 것으로 알려져 있다. 이 용어가 나오기 이전에는 '제3세계' 또는 '개발도상국'이라는 용어가 통용되었다.

묶어두기 곤란하고
낮은 금리 아쉽다면 RP에 투자하자

하루만 맡겨도 높은 금리가 적용되고
자유롭게 입출금까지 가능하다.

달러를 보유하고 있습니다. 수시로 자녀 유학자금을 송금해야 해서 달러 통장
에 넣어놓고 있습니다. 잠자고 있는 달러를 이자율이 높은 상품으로 투자할
수 있을까요?

있습니다. 달러를 RP계좌로 매수해놓으면, 고정 이자를 확정금리로 받을 수
있습니다.

A

　수출입대금 등 외화와 결제가 잦은 김 사장은 외화(달러)통장에
잠자고 있던 달러를 증권 회사 달러 RP로 투자하고 있다. 은행 외화
통장의 경우 연 0.04% 정도의 이자를 주는 반면, 증권사 외화 RP는

168

2% 이상의 금리를 받을 수 있어 외화자금의 단기 운용 수단으로 수출입 대금 등 외화결제가 잦은 법인을 운용하는 김 사장은 연 2% 정도의 생각지도 않은 이자를 받게 된 셈이다. 또한 해외투자와 자녀 유학자금 등 다양한 자금 수단으로 활용해 단기 외화자금 운용 고민을 말끔히 해결했다.

RP로 운용하면 연 1.35%의 이자

RP는 Repurchae Agreement의 약자로 일정 기간이 경과한 후 일정한 가격으로 동일한 채권을 다시 매수하거나 매도하는 조건으로 채권을 매매하는 거래를 말한다. 즉 보유채권을 담보로 한 자금거래의 속성을 지니며, 회사가 고지한 이율에 의해 매매시점부터 수익률이 고정되어 있는 확정 수익률상품이다. 거래하는 통화에 따라서 원화와 외화로 투자가 가능하다.

원화 RP는 증권사에서 판매하는 상품들 중 위험도가 가장 낮은 군에 속한다. 원칙적으로 예금자 보호제도의 적용을 받지는 않지만, 해당 증권사가 원금과 이자 수익을 안전하게 지급해주기 때문이다.

일반 RP수익률은 보통 연 1% 내외 수준이지만, 신규고객이나 금융 회사에서 정하는 고객 대상으로 판매되는 특판 RP의 경우는 최대 5%까지 이자를 주는 경우도 있다. 만기가 짧거나 수시로 입출금을 하는 자금을 운용하기에 RP는 개인이나 법인자금을 운용하는 데 유용하게 이용되고 있다.

최근 금리 인상과 함께 주식시장이 요동치고 있고, 대내외 경제 변동성이 큰 상황에서는 현금을 어느 정도 확보해가면서 리스크를 관리하는 것이 필요한데, 이러한 상황에 즉각적으로 대응할 수 있는 최적의 상품이 바로 RP다.

실질은 채권 담보부 이자상품

외화 RP(외화 환매조건부채권매매)는 회사가 일정기간 경과 후 원매도가액에 이자 등 상당금액을 합한 가액으로 환매수할 것을 조건으로 고객에게 채권을 매도해, 형식적으로는 증권의 매매를, 실질적으로는 원금에 대한 이자를 제공하는 외화 금리상품이다.

기본적으론 원화 RP상품과 동일하나, 외화 입출금에 있어서 매매 가능시간 등 제약이 존재한다. 잦은 수출입대금 결제 법인의 단기 외화운용수단으로 제공되고, 여행·유학·이민 및 해외투자자금(해외 주식 배당, 브라질 채권이자 등)의 단기 외화운용수단에도 제공된다.

기존 외화자금 환전보다 우대 환전수단이 제공되어 소액 외화투자상품이 가능하다. 은행 외화예금 대비 고금리가 제공되고(수시형 기준으로 90bp 이상), 우량한 외화 표시채권(국내등급 기준 A이상)을 담보로 해 거래 안정성이 있고, 증권사마다 유선으로 업무처리가 가능할 만큼 손쉽게 투자할 수 있다.

우량한 등급의 달러 표시채권을 제공하고 약정기간 경과 후 확정 금리를 보태 되사는 외화금리상품인 외화 RP는 주로 외화자금의 단기 운용 수단으로 수출입 대금 등 외화결제가 많은 법인이 주로 활용한다. 하지만 개인의 해외주식, 채권 등 해외투자가 급속도로 증가하면서 개인 고객의 투자 수단으로도 인기를 얻고 있다.

달러 RP는 원화로 환전하거나, 기존에 보유하고 있는 달러를 증권사로 송금한 후 가입하면 된다. 하루만 맡겨도 확정금리를 지급하는 수시 입출금형 외화(USD) RP와 기간형 RP 중에서 선택 가능한데, 외화예금 통장에 붙는 이자보다 높고, 환전할 때 수수료도 적게 받기 때문에 일석이조의 효과를 볼 수 있다.

환율은 정해진 규칙이나 패턴이 없기 때문에 단기간에도 크게 급변할 수 있다는 점에서 여유자금을 활용해 쌀 때마다 '분할매수'해 정해진 금리와 환차익으로 얻는 이익에 대해 비과세를 받는 절세형 상품으로 활용 가능하다. 언제든지 맡긴 자금을 환매해 편리하게 활용할 수 있어 자신의 자금 상황에 맞춰 유연하게 자금운용을 하며 수익을 챙겨보자.

외화 RP투자 전의 체크포인트는?

여기서 외화 RP투자 전에 꼼꼼하게 체크해야 할 점이 있다. 기본적으로 달러를 보유하고자 하는 수요에서 착안된 상품이므로 대부분의 경우에 헤지가 불가능하고, 환율의 변동에 따라 외화자산의 가치가 변동되어 원화기준 환차손에 노출된다.

여기서 시장금리 변동에 따른 담보채권 운용수익률과 관계없이 고객에게 정해진 약정금리를 제공한다. 기간 약정형 상품의 경우 만기일 이전에 매도하게 되면 기간에 따라 중도 환매시 금리가 적용되므로 만기일을 정할 때 유의해야 한다. 또한 만기일에 따로 매도나 재매수를 하지 않으면 초과 보유일수에 대해서는 약정금리보다 낮은 수익률을 받게 되는 점도 유의해야 한다.

⏳ 1분 금융 스터디

▶ 헤지(hedge)

가격 변동이나 환위험을 피하기 위해 행하는 거래로 위험 회피 또는 위험 분산이라고도 한다. 수출대금을 후지급 결제 방식으로 계약한 경우, 수출대금의 가치는 환율의 변동에 따라 크게 달라질 수 있는 환율 변동의 위험에 처하는데, 이러한 위험을 없애기 위해 환율을 미리 고정시키는 거래를 말한다. 선물환거래가 대표적이다.

전자단기사채만한
단기 금융상품도 없다

단기 금융상품을 고를 때는 3가지를 고려하자.
'금리, 환금성, 안정성'만큼 중요한 것도 없다.

Q

아파트 매매 중도금으로 지불해야 하는 자금이 2억 정도 있습니다. 자금의
여유가 3개월 정도 남아있는데 CMA에 넣어놓는 것보다 좀더 높은 수익률의
금융상품에 넣고 싶습니다. 채권은 만기가 길어서 투자 기간과 맞지 않습니
다. 2억 정도의 돈을 3개월 미만으로 단기간 운용할 수 있는 금융상품이 없
을까요?

있습니다. 전자단기사채(전단채)는 그동안 유통되어온 기업어음(CP)의 취약점
인 불투명성과 불편함을 보완한 1년 미만의 단기 투자상품입니다.

A

꼬박꼬박 모아두었던 적립식 펀드로 목돈을 모은 곽 부장은 결혼
10년차에 드디어 내집 마련의 꿈을 이루었다. 목표했던 수익률 이상

을 달성한 펀드를 계약금만큼만 먼저 환매하고, 중도금은 날짜에 맞춰서 환매할까 고민하던 곽 부장은, 3개월 시장의 변동성 리스크를 가지고 가는 것보다는 보유하고 있는 펀드의 목표수익률에 만족하고 전액 환매해서 아파트 매입자금으로 보유하라는 담당 PB의 조언을 듣기로 했다.

곽 부장은 중도금으로 지급해야 할 2억 원의 자금을 '전자단기사채Short-Term Bond'에 투자해 CMA금리보다 2배 이상 높은 수익률까지 받으면서 편안하게 아파트 입주를 기다리고 있다.

전자단기사채는 고액자산가들을 중심으로 단기자금운용으로 정착되어 있다. 10% 이상의 고수익을 원하는 투자자도 자금을 단기상품에 넣어두어야 할 때가 있다. 장기적으로 투자할 마땅한 투자처를 찾지 못하면 단기상품에 돈을 넣어둔 채 다른 상품을 찾아봐야 하기 때문이다.

여기서 자신의 자금 상황과 투자 목적 및 기간에 맞게 적절한 단기상품을 선택하는 것이 중요하다. 단기투자에서 가장 중요한 것은 환금성이다. 마땅한 장기투자처가 나타나면 즉시 돈을 뺄 수 있어야 하기 때문이다. 그 다음으로 중요한 것이 안정성과 각종 정보제공, 부가서비스다.

결국 승부는 수익성이 높은 장기투자에서 낸다는 생각을 가져야 한다. 단기상품은 이를 위한 보조수단으로 여기면 된다.

단기 금융시장 활성화를 위해 도입되다

최근 '소확행'이라는 말이 자주 들린다. 일상에서 느낄 수 있는 작지만 확실한 행복이란 뜻이다. 불확실한 글로벌 환경에서 투자의 '소확행'은 단기 금융상품이다.

그 중 위험을 조금 더 부담하더라도 시중금리 대비 상대적으로 높은 금리를 주는 프로젝트파이낸싱PF, 자산유동화기업어음ABCP과 PF 유동화전자단기사채ABSTB는 저금리 시대의 목돈 투자처로 개인 자산가나 법인에게 꾸준히 각광을 받고 있다.

CPCommercial Paper는 신용도가 높은 우량기업이 발행하는 어음으로 일종의 무보증 차용증서다. CP의 만기는 1달에서 1년까지인데, 보통은 3개월이 많다. CP를 사면 투자자는 사는 시점에서 선이자를 받는다. CP의 투자 단위는 보통 1억 원으로, 1년 미만 목돈의 자금을 굴릴 여유가 있는 투자자에게 적합하다.

CP의 수익률은 신용등급에 따른 차이는 있겠지만 보통 정기예금보다 1% 이상 높다. 이처럼 CP의 수익률이 예금금리보다 높고, 발행기업에 따라 이자율(수익률)이 다른 이유는 투자 위험이 따르고 있기 때문이다. CP는 예금자 보호대상이 아니기 때문에 발행 기업에 문제가 생기면 투자자는 원금 손실을 볼 수도 있다. 그래서 발행 기업의 신용도에 따라 이자율도 다른 것이다.

현행 기업어음(CP)의 법적·실무적 한계를 극복하고, 전자적 방식으로 발행·유통·권리행사가 가능한 새로운 인프라를 구축해 단기금융시장을 활성화시키기 위할 목적으로 2013년 1월 15일 전자단기사채가 도입되었다.

전자단기사채의 발행은 각 사채발행의 금액은 1억 원 이상이고, 만기는 1년 이내로 전액 일시납입 및 전액 일시상환 요건으로 사채에 전환권이나 신주인수권, 그 밖에 다른 증권을 취득할 권리가 부여될 수 없다.

투자성향에 따른 전자단기사채 고르기

전자단기사채는 중도해지가 안 된다. 또한 예금자보호제도에서도 제외되어 있어 발행사의 신용도에 따라 원리금 손실이 발생할 수 있다.

전자단기사채는 일반 전자단기사채STB와 자산유동화 전자단기사채ABSTB/Asset Based Short Term Bond로 크게 구분된다. 쉽게 말해 ABSTB란 자산 보유자인 기업이 특수목적법인SPC을 설립해 자산을 양도하면 SPC가 기업에 대출해주기 위한 자금을 조달하기 위해 발행하는 사채인 셈이다.

투자는 사람마다 성향이 다르기 때문에 자산이 어떤 스타일인지를 파악하는 것이 중요하다. 투자자가 증권 회사 등 금융기관에 가서 투자상품에 가입할 때, 자본시장법에서 정한 대로 투자 성향을 먼저 점검해야 한다.

176

| 전자단기사채 신용등급

신용등급		비고	신용등급
A1		적기 상환능력이 최상이며 상환능력의 안정성 또한 최상임	AAA
			AA+
			AA0
			AA-
A2	A2+	적기 상환능력이 우수하나 그 안정성은 A1에 비해 다소 열위임	A+
	A20		A0
	A2-		A-
A3	A3+	적기 상환능력은 양호하며 그 안정성도 양호하나 A2에 비해 열위임	BBB+
	A30		BBB0
	A3-		BBB-
B		적기 상환능력은 적정시되나 단기적 여건변화에 따라 그 안정성에 투기적인 요소가 내포되어 있음	BB+, BB0, BB-
C		적기 상환능력 및 안정성에 투기적인 요소가 큼	CCC
			CC
			C
D		상환 불능 상태임	D

* 대상업체의 현금흐름(유동성)에 따라 단기등급이 장기등급보다 1notch 높은 경우가 존재함(주로 금융업)

회사채 신용등급은 최상등급이 AAA+이며, AAA, BBB등급까지가 투자적격등급이며, BB+등급 이하부터는 투기등급으로 분류된다. 반면 전자단기사채는 A1등급(최상급)부터 A3등급까지가 투자적격으로 분류된다.

CP나 전단채를 판매하는 금융기관은 원금지급에 대한 의무가 없다. 그렇기 때문에 발행 회사의 전문신용평가사에서 부여받는 신용등급이 중요하다.

⏳ 1분 금융 스터디

▶ 신주인수권

증자를 위해 신주가 발행되는 경우 우선적으로 인수를 청구할 수 있는 권리. '주주의 신주인수권'과 '제3자 인수권'이 있는데, 한국 상법은 주주를 보호하기 위해 주주의 신주인수권을 법으로 정으로 하고 있다. 주주는 정관에 다른 규정이 없으면 그가 가진 주식수에 따라서 신주의 배정을 받을 권리가 있다. 이처럼 구주주에게 신주인수권을 주는 법적 근거를 요약하면, 주주가 회사에 대해 소유주식수에 따라서 가지는 비례적 이익을 보호하는 데 있다.

랩어카운트,
맞춤형 패키지 상품이다

포트폴리오 선택과 비중 결정과 조정까지
내 맘대로 할 수 있는, 나만을 위한 상품이다.

금융상품에 가입할 때마다 계좌를 만들었더니, 수십 개의 계좌가 생겼습니다.
투자성향에 맞게, 원하는 금리를 원하는 상품으로 한 계좌로 간단하고 편리하
게 분산투자하고 싶습니다. 방법이 없을까요?

'일임형 종합자산관리 서비스'가 있습니다. 주식, 채권, 펀드 등 금융상품을 랩
으로 싸듯이 한 곳에서 관리하는 랩어카운트 계좌를 활용하세요.

    대기업에 다니는 심 과장은 주식투자를 시작한 뒤부터 하루도 마
음이 편한 날이 없다. 그의 걱정은 주식을 사면서부터 시작되었다.
주가가 오르면 언제 팔면 좋을지 걱정이고, 주가가 빠지면 손실이

난 것 때문에 밤잠을 못 이룬다. 현금만 있는데 주가가 오르면 배 아파서 걱정, 현금만 있는 상태에서 주가가 빠지면 언제 사야 될지 몰라 걱정이었다. 더 우울한 것은 종합지수가 올라도 수익은 커녕 오히려 손실이 나고 있고, 수십 가지가 되는 여러 개의 펀드는 환매 시점을 놓치고 난 후부터 장기간 방치되어 있다는 점이다.

여기저기 나눠져있던 잔고들을 가지고 증권사 PB를 찾아간 심 과장은 자산을 효율적으로 관리할 수 있는 '랩어카운트' 계좌를 통해 체계적이고 맘편한 자산관리를 하며 여유롭게 사회생활과 가정생활을 할 수 있게 되었다.

알아서 다해주는 랩어카운트

랩어카운트Wrap Account는 금융 회사가 제공할 수 있는 서비스를 하나로 묶고 포장해 다양한 투자상품을 제공하는 원스톱 서비스다. 재테크에 나선 투자자라면 낯설지 않은 단어로 이는 '포장하다'를 뜻하는 '랩Wrap'과 '계좌'를 뜻하는 '어카운트Account'의 합성어다.

랩은 각종 투자자문 자산 및 금융투자 회사가 제공할 수 있는 여러가지 금융상품과 가치를 부가시킬 수 있는 각종 서비스를 하나로 묶고 포장하는 것이며, 다양한 전략과 전술을 구사할 수 있는 도구인 계좌는 랩 서비스를 구현한다. 즉 고객이 자산을 맡기면 금융 회사가 상담을 통해 고객의 투자성향 등을 점검한 뒤 고객의 요구사항을 반영해 비교적 자유롭게 포토폴리오를 운용하고 고객에게 수수료를 받는 것이다.

투자전문가인 증권 회사는 고객의 자산규모, 투자성향, 위험수용도 등을 파악하고 투자선호를 반영해서 주식, 채권, 펀드, ELS 등 무궁무진한 각종 금융상품을 랩어카운트 계좌를 통해서 분산투자하게 된다. 이때 투자자는 투명하게 운용상황을 확인할 수 있고, 전문가를 통해 시장 변동에 대한 빠른 대처가 가능하게 되는 것이다.

펀드가 기성복이라면, 랩은 맞춤정장이다

개인투자자가 재테크에 성공하는 건 쉬운 일이 아니다. 초보투자자라면 "간접투자를 하라"는 조언이 잇따르는 이유다. 여기서 한발 더 나간 투자상식이 바로 랩어카운트다. 이는 전문가가 '나만의 투자상품'을 운영하는 것을 말한다. 고객의 입장에선 자산을 전문가에 맡겨 운용하고 투자자문을 구할 수 있다는 것이 랩어카운트의 장점이다. 그렇다면 전문가가 운용하는 펀드와 랩 어카운트의 차이점은 무엇일까?

가장 핵심적인 것은 맞춤형 투자가 가능하느냐다. 펀드는 커다란 바구니에 여러 사람의 돈을 모아 투자하기 때문에 고객 개개인의 투자 성향을 반영하지 못한다. 하지만 랩어카운트는 고객별로 계좌를 운용하기 때문에 투자성향이 고스란히 반영된다.

또한 펀드는 자신이 가입한 상품이 어떤 식으로 운용되는지 모르는 경우가 많다. 주식이나 채권이 어떤 종목에 편입되어 있는지 확인할 수 있을 뿐이다. 따라서 펀드 운용에 불만이 있더라도 이를 표출할 수 있는 방법은 환매를 통한 펀드 해지가 전부다. 하지만 랩어카운트는 자신의 자산이 어떻게 운용되는지 확인할 수 있고, 운용에 불만이 있으면 간섭하는 것도 가능하다.

랩어카운트는 증권 회사에서 투자자의 계좌를 직접 운용해주는 '일임형'과 투자자에게 조언과 자문의 역할만 하는 '자문형'으로 나뉜다. 각 증권 회사마다 운용하는 형태와 가입 조건이 다르므로 본인에게 맞는 투자형태 확인은 필수다.

첫째, 수수료 부분을 잘 체크해야 한다. 투자자는 랩어카운트 자산 평가 금액의 일정한 수수료를 분기마다 혹은 매월 지불해야 한다. 또한 성과가 목표치를 초과하면 초과 수익에 비례해 추가로 비용을 더 내는 성과보수가 발생하기도 한다. 여기서 최초 투자시 투자자금의 일부를 '선취수수료'로 징수하기도 한다. 너무 일찍 해지할 경우 수익금의 일부를 환매수수료로 가져가는 랩어카운트도 있다.

쉽게 비유하자면 랩어카운트는 패키지 여행과도 같다. 자유여행과 달리 관광지의 주요 지점을 효율적으로 돌아볼 수 있는 패키지 여행은 비용이 높아보이지만 이용한 사람들은 적절한 비용이었다고 회고하는 경우가 많다.

둘째, 원금 손실 가능성도 있다. 고객별로 운용이 된다는 것이 독이 될 수도 있다. 펀드는 하나로 운용되어 시장의 돌발 변수에 발 빠르게 대응할 수 있다. 반면 랩어카운트는 투자자 개인마다 계좌를 갖고 있어서 돌발 변수에 대응하는 대처가 늦어질 수도 있다. 특히 운용자금이 커지고, 투자 포트폴리오가 복잡할수록 돌발 변수에 대한 대처는 더 늦어진다.

랩어카운트의 장점 3가지

랩어카운트의 장점은 크게 3가지로 정리할 수 있다. 첫째, 수수료가 상대적으로 저렴하다. 물로 개인이 주식을 사고 파는 경우만큼 저렴할 수 없지만, 주식을 운용하는 다른 금융상품에 비해 대체로 저렴하다.

둘째, 랩어카운트에 투자하는 것 자체로 분산투자가 된다. 유명한 여러 종목을 랩으로 싸는 것처럼 포트폴리오를 구성해 다양한 종목들에 분산투자를 한다. 랩어카운트는 펀드와 달리 개인계좌이므로 개인별로 본인의 스타일대로 운용 지시 및 참여가 가능하다. 분산투자는 경제지식이 없는 사람도 알고 있는 투자원칙이지만, 너무 많은 종목으로 분산투자할 경우 수익률을 기대하기 어려우니 양날의 검이라는 것 또한 알고 있어야 한다.

셋째, 금융전문가가 운용한다. 개인투자자들은 전업으로 주식시장만 보고 있지 않는 한, 본업이 따로 있는 경우가 대부분이다. 주식을 보유하게 되면 '언제 팔아야 할까, 갑자기 떨어지거나 오르진 않을까' 일을 할 때도 밥을 먹을 때도 주식 값 등락에 온 신경을 쏟게 된다. 반면에 랩어카운트를 이용하면 전문적으로 관리하는 조직에서 발빠르게 시장에 대응하고, 항상 새로운 투자전략을 연구한다.

재테크 역시 삶의 질을 높이기 위한 수단일 뿐이다. 재테크 때문에 항상 불안하고 삶의 만족도가 낮아지고 마음이 편하지 않다면 차라리 그 돈을 예금 통장에 몰아넣고 신경쓰지 않는 것이 낫다.

주식, 채권, 펀드 등의 금융상품과 부동산, 농산물, 해외투자까지 조금만 둘러보면 분산투자의 기회가 무궁무진한 시대다. 정보는 넘쳐나지만 불확실성이 더해져 주식투자에서 손실을 보는 사람들이 대부분이다. 기성복 같은 펀드투자의 대안으로 맞춤복 같은 랩어카운트 투자의 시대가 도래한 것이다.

⧗ 1분 금융 스터디

▶ 일임형 랩어카운트 vs. 자문형 랩어카운트

일임형 랩어카운트는 고객이 맡긴 자산을 증권사가 알아서 운용하는 상품을 뜻한다. 고객으로서는 골치 아픈 투자판단을 직접 내릴 필요 없이 전문가에게 자산운용을 맡기는 효과를 기대할 수 있다. 자문형 랩어카운트는 운용사에 큰 폭의 자율권이 부여된 일종의 사모펀드로 자산편입 비율 등에 규제가 있는 펀드와 달리 시장 상황에 따라 주식, 채권등 여러 상품에 자율적으로 투자할 수 있다. 자문형 랩의 금융자산관리사는 투자에 대한 조언과 자문의 역할만 할 뿐, 실제 주문은 고객이 직접 해야 한다. 2001년 2월 5일에 금융감독원이 우리나라에서의 자문형 랩어카운트 판매를 승인했다.

ELS/DLS, 시장 변동성이
반가운 국민 재테크 상품이다

ELS와 DLS는 한 번도 투자를 안 한 사람은 있어도
한 번만 투자한 사람은 없다는 국민 재테크 상품이다.

글로벌 증권시장에 변동성이 높아지면서 증시 상장 종목에 직접 손을 대기가
부담스럽습니다. 변동성에 투자하면서 어느 정도 안전장치를 담보할 수 있는
투자상품이 없을까요?

연계된 지수가 일정 범위 안에 있다면 약속한 수익률을 보장해주는 효과적인
투자상품인 'ELS'가 있습니다.

직장인인 장 차장은 주식보다 안정적이고 적금보다는 수익률
이 높은 ELS투자 애호가다. 작년에 가입했던 해외지수KOSPI200, HSI,
Eurotoxx50를 기초자산으로 하는 ELS가 연 6%로 만기는 3년이지만,

6개월 만에 조기상환되었다는 담당 PB의 연락을 받고 고스란히 다시 ELS로 재투자했다.

은행 예금이자가 대부분 1% 후반으로, 이자소득세와 실 물가상승률까지 고려하면 마이너스 금리라고 본 장 차장은 투자상품을 찾던 중 2년 전부터 ELS에 투자하기 시작했다. 처음 가입했을 때부터 조기상환 되는 원리금은 계속 재투자하며 투자자금을 꾸준히 늘려나가고 있다. 장 차장은 정기예금을 운용했을 때보다 3배 이상의 수익을 내면서 차근차근 불어나는 자산을 보며 뿌듯해하고 있다.

아주 많이 떨어지지만 않으면 약속된 수익 보장

ELS(주가연계증권)Equity-Linked Securities은 자산을 우량 채권 등에 투자해 원금을 보조하고 일부를 파생상품에 투자함으로써 고수익을 노리는 금융상품이다.

DLSDerivative Linked Securities는 유가증권과 파생 금융 계약이 결합된 증권으로, 기초자산의 가치변동과 연계한 증권이다. 이때 기초자산은 원유, 금, 설탕, 밀가루 같은 각종 원자재와 농산물뿐만 아니라 금리, 환율, 탄소배출권, 신용 등 다양하다. 기초자산의 범위가 넓어 다양한 상품 조합이 가능하기 때문에 최근 급증하고 있다.

주가지수가 상승할 때 일정한 수익을 얻을 수 있도록 하는 유형, 주가지수 등락 구간별 수익률에 차이가 나게 하는 유형 등 다양한 유형이 있다. 일반적으로 원금보장형, 원금 부분보장형, 원금 조건부 보장형의 3가지로 나뉜다.

글로벌 증권시장에 변동성이 크게 나타나면서, 미국 국채금리가 최근 저항선인 3%를 돌파하고, 원자재 가격의 변동성도 커지면서 상대적으로 주식투자의 공포가 커졌다. 이처럼 변동성이 글로벌 증시 전반에 영향을 미치면서 증시 상장 종목에 직접 손을 대기 부담스러워진 가운데, 높아진 변동성에 투자하면서도 어느 정도의 안전장치를 담보할 수 있는 ELS가 투자처로 각광을 받고 있다.

기초자산, 만기, 수익률에 주목

ELS는 발행하는 증권사마다 유형과 조건이 모두 제각각이어서 ELS를 단순하게 유형화하기보다 상품 각각의 수익구조, 조건 등을 읽을 수 있는 안목이 반드시 필요하다. 특히 다음의 3가지를 주목해야 한다.

첫째, 기초자산이다. 기초자산은 어디에 투자하는 것인지에 따라 수익률이 결정된다. 즉 주가지수, 개별종목 주가를 기준으로 수익률이 결정되는 것이다. 여기서 기초자산을 볼 때는 반드시 기초자산 가격을 확인해야 한다.

둘째, 만기다. 투자기간을 뜻하는 것으로 정해진 기초자산을 기준으로 만기까지 일정 조건을 충족하면 수익률을 제공한다. 조기상환

결정일(주로 6개월 단위)에 일정 조건을 충족하면 일정 수익률을 제공받고 조기 상환을 받을 수 있다.

셋째, 수익률이다. 수익률이 어떻게 결정되느냐는 상환 시기의 조건 충족 여부에 따라 결정된다. 일정조건 충족시 만기상환하는 경우에는 약속한 수익률을 제공하고, 조기상환을 하는 경우에는 별도 조기상환 조건에 따른 약속한 수익률을 제공하게 된다. 반면 일정 조건 미충족시에는 약속한 수익률 이하가 되면서 원금 손실 발생 가능성도 있다.

계속 진화하는 투자수익 구조

ELS 구조를 완전히 이해했다면, 원금 손실 구간 여부에 따라 녹인 Knock-in형과 노NO녹인형을 체크해야 한다.

녹인형은 원금 손실 구간에 한 번이라도 들어가면 원금 보장 조건이 사라지고, 노NO녹인형은 만기시 기초자산 가격으로 수익금 지급 여부를 결정하는 차이점이 있다. 하지만 녹인형의 경우 원금 손실 구간에 들어갔더라도 만기 상환지수 이상으로 결정이 되면 약속했던 수익률을 받게 된다.

최근에는 위험을 줄이기 위해 리저드 ELS(도마뱀이 제 꼬리를 자르고 도망치는 모습에서 착안한 상품)가 큰 인기를 얻고 있다. 리저드 ELS는 지수가 하락할 가능성이 높으면 조기상환으로 위험을 관리해 원금 손실 위험을 낮추고 상환 기간은 앞당긴 주가연계증권이다.

ELS는 펀드와 달리 분산투자를 할수록 손실 가능성이 커진다. 기초자산 중 하나라도 수익 조건을 달성하지 못하면 손실이 나는 구조이기 때문이다.

| 외화 채권 신용등급표

구분	지수설명
KOSPI200	한국 증권거래소의 시가총액의 93%를 차지하는 상위 200종목의 시가총액 가중 지수. 1990년 1월 3일을 기준 값 100으로 산출 가격조회: 한국 증권 거래소 홈페이지 (www.krx.co.kr)
S&P500	미국의 Standard&Poor's사가 발표하는 주가지수. 기업규모, 유동성, 산업 대표성을 감안해 선정한 500개 종목을 대상으로 산출. 각 종목의 주가에 상장주식수를 곱해 시가총액을 구하고, 기준연도 1941~1943년의 평균 시가총액으로 나눈 뒤 기준치 10을 곱해 산출 가격 조회: 뉴욕 증권 거래소 홈페이지 (www.nyse.com)
Nikkei225	도쿄 증권 거래소 1부에 상장된 유동성 높은 225개 종목의 가격가중지수. 225개 종목 평균가격을 176.21로 1949년 5월 16일 처음 발표 가격 조회: 도쿄 증권 거래소 홈페이지 (www.jpx.co.jp)
HSCEI	홍콩 증권 거래소에 상장된 H-Share로 구성된 유동주식. 시가총액 가중지수. 2000년 1월 3일 기준 값 2000으로 산출 가격 조회: 홍콩 증권 거래소 홈페이지 (www.hkex.com)
HSI	홍콩 증권 거래소에 상장된 유동성 높은 49개 종목의 유동주식 시가총액 가중지수. 지수의 구성 종목들은 4개의 하위지수(상공업, 금융업, 유틸리티업, 부동산업)로 나뉘어져 있음. 1964년 7월 31일 기준 100으로 산출 가격 조회: 홍콩 증권 거래소 홈페이지 (www.hkex.com)
EuroStoxx50	유로존 관련 유럽의 선두 우량주 지수로서 50개의 우량 기업을 선정해 만든 주가지수. 스톡스(STOCC Limited)사가 산출 가격 조회: 스톡스사 홈페이지 (www.stoxx.com)
Eurostoxx Banks	유로존 국가의 증권거래소의 상장된 은행섹터의 주식 30개를 구성 종목으로 해 스톡스사에서 시가총액방식으로 산출한 주가지수. 1991년 12월 31일 기준으로 산출 가격 조회: 스톡스사 홈페이지 (www.stoxx.com)

투자 판단시 투자설명서 및 간이 투자설명서를 참고해야 한다. 또한 투자원금의 손실 가능성, 위험요소, 예금자 보호대상이 아닌 점, 발행인의 신용위험 등을 충분히 이해하고 숙지해야 한다.

변동성은 확대되고 있으나, 실제 지수는 제자리에 움직이고 있는 시장에서 ELS는 여러 금융투자상품 중 수익을 낼 확률이 높은 편이다. 여러 위험요소가 있지만 파생결합증권은 저금리 시대에 매력적인 재테크 수단인 것은 분명하다.

그렇지만 원금이 보장된다고 하면 보통 수익률은 낮을 수밖에 없다. 어느 정도 리스크를 감수해야 수익률을 더 낼 수 있다는 뜻이다. ELS 역시 예금에 비해 원금 손실 위험이 있기 때문에 몰빵투자는 금물이다. 여유자금으로 분산투자를 하면서 '중위험, 중수익'을 원하는 투자자에게 ELS는 좋은 대안투자 대상이 될 것이다.

⧗ 1분 금융 스터디

▶ 기초자산

ELS는 종합지수나 개별주가의 변동에 따라 수익률이 결정된다. 대표적인 종합지수로 코스피200, 홍콩H, 유로스탁스50, 니케이지수 등이 있으며, 개별종목으로는 삼성전자, 포스코, 한전 같은 대형주를 주로 기초자산으로 하고 있다. 요즘은 대부분 지수형 상품으로 출시되긴 하지만, 주가가 하락해도 일정 수준 이하로 떨어지지 않으면 수익을 추구하는 종목형 ELS도 꾸준히 발행되고 있다.

공모주투자,
의외로 괜찮은 수익을 안겨준다

'언젠가는 꼭 받고 말 거다.'
티끌 모아 태산 되는 공모주 청약!

요즘 코스닥 시장에 상장하는 기업의 경쟁률이 예사로 1000대 1을 넘기고 있다는 뉴스를 종종 보곤 했습니다. 공모주투자를 하면 경쟁률이 높은 만큼 수익이 더 많이 날까요?

공모주는 기업가치를 책정하는 과정에서 적절한 가치를 산출한 뒤 일정 부분의 할인율을 측정하기 때문에 수익에 대한 기대감이 높습니다. 적용한 할인율만큼 낮은 가격에 해당하는 주식을 살 수 있는 기회가 공모주투자이므로 의외로 괜찮은 수익을 거둘 수 있습니다.

 여유자금 운용을 놓고 고민하던 주 과장은 직접 주식을 사려고 하니 대내외적으로 불확실성이 많은 시장에서 천천히 주식을 사도 될

거 같다는 판단으로 CMA 계좌에 예치해놓았다. CMA에 맡겨놓았던 증권 회사에서 공모주 청약을 한다는 담당 PB의 연락을 받은 주 과장은 증권사에서 걸려온 전화 한 통으로 쉽게 공모주 청약을 할 수 있었다.

기관투자자들의 수요 예측도 수백 대 일로 결정되었고, 기관투자자들이 물량을 받기 위해서 '보호예수' 신청까지 했다는 사실을 확인한 후 망설이지 않고 공모주 청약을 한 것이다. 일반청약의 경쟁률도 높긴 했지만, 공모주 청약부터 환불하고 상장해서 팔 때까지 단기간 동안 CMA 금리보다 훨씬 높은 수익을 챙길 수 있었던 주 과장은 앞으로 공모주 일정을 파악해서 유동성 자금을 알찬 종목으로 청약할 계획을 가지고 있다.

공모주란 증시 상장 전 주주 공개모집해 투자를 유치하는 것이다. "저희 회사가 상장할 예정인데, 저희 회사 주식을 싸게 팔 테니 관심 있는 분은 투자해주세요." 이러한 개념이다.

이렇게 투자 전에 사람을 모으려면 평가된 가격보다 싸게 내놓아야 한다. 그래서 투자가는 싸게 사서 주식을 상장하고 팔 때의 시세차익을 노리는 것이다.

공모주투자는 '공모주 일정 확인→증권사 계좌개설→투자설명서 분석(공모가 확인, 의무보유확약 확인, 자금 사용목적 확인, 공모 희망가액 확인)→청약 신청→환불금 정산→상장'으로 진행된다.

회사에 대한 분석이 무엇보다 중요

투자설명서(기재정정 확정공모가 확인)는 첨부된 파일 및 전자공시 시스템에서 확인할 수 있다. 공모가를 확인해야 하는 이유는 투자자들의 수요 예측에 의해서 형성된 가격이 기재 정정 확정공모가로 기술되어 있고, '기재정정' 또는 '확정공모가'란 문구로 확인해야 하기 때문이다.

정정후 공모가가 낮다면 '이 기업의 주식을 굳이 비싼 가격 주고 투자해야 하나?'라는 생각이고, 정정후 공모가가 높다면 '이 기업의 주식을 비싼 가격 주고도 미치도록 투자하고 싶다'라고 볼 수 있다. 즉 공모가가 높으면 그만큼 주가 상승에 대한 기대가 큰 것이다.

의무보유확약 확인은 공모주를 사들인 기관투자가들이 일정 기간 팔지 않겠다고 스스로 약속하는 것이다. 이를 통해 공모가가 얼마나 매력적인지 알 수 있다.

수요 예측 결과란 항목 중 의무보유확약 신청 내역에서 확인할 수 있다. 기업에 따라서 60%까지도 올라갈 수 있는데 이 기업의 경우 높다고 볼 수 있다. 상장 첫날부터 매도 물량이 많이 나오지 않기에 안정적이라고 예측할 수 있다.

투자설명서 분석 중에 자금의 사용목적 확인은 새로운 사업투자나 공장증설 용도라면 주가 상승이 예상되고, 빚 갚는 용도(부채상환)라면 더 상세히 확인해볼 필요가 있다. 이럴 경우 투자설명서를 꼼꼼히 확인해야 한다.

공모희망가액 결과 확인을 하기 위해 동종업계의 수요에 의한 가격 기준이 필요하다. 이는 할인율을 통해서 확인할 수 있다.

공모주 청약 절차는 간단하다

개설한 증권사 HTS 또는 스마트폰 MTS로 청약 신청 가능하다. 증권사에서 제공하는 HTS나 MTS 프로그램을 설치하고, 확인한 회사의 공모주 청약을 하면 된다.

보통 청약 신청한 주식가격의 50%를 증거금으로 내고, 청약 후 2~3일이 지나면 환불금이 정산 입금된다. 경쟁률 때문에 발생하는 환불금은 100주를 사겠다고 했는데 경쟁률이 100대 1이면 1주를 사게 되는 개념이다.

증거금과 실제로 구매한 주식수에 차이가 있으니 그에 대한 차액을 지불하거나 환불받는 것이다. 공모주 상장은 보통 환불금 정산 후 통상적으로 7일 이내 증시 상장된다.

최근 IPO(기업공개)시장에서 코스닥 공모 규모가 사상 최대치를 경신하고, 2018년에도 대박 공모주가 잇따라 등장하자 개인투자자 사이에서 공모주투자에 대한 관심이 높아지고 있다. 공모주투자를 어떻게 하면 잘할 수 있는지, 대박 종목을 추천해달라는 등 공모주에 관심을 갖는 투자자가 많다. 정부의 지원정책에 따라 코스닥 분

위기가 달아오르면서 IPO시장의 역할이 커지고 있다.

상장 종목보다 정보에 대한 접근성이 떨어지지만, 회사가 제출한 증권 신고서 및 철저한 기업가치 분석을 바탕으로 접근해야 한다. 이를 통해 기술력과 성장성, 시장 지배력, 실적, 전방 산업 업황 등을 점검하고 적절한 수준에서 공모가 밴드를 산출했는지를 꼼꼼히 따져봐야 한다.

돈 버는 공모주 매매전략은?

참고로 개인투자자가 고액 자산가가 아닌 이상 많은 물량을 배정받기 어렵다는 점을 알아야 한다. 청약 경쟁률이 1000 대 1이 넘는 종목의 경우 공모가에 따라 다르지만 증거금으로 1천만 원을 예치해도 10주를 손에 쥐기 어려운 경우가 허다하다. 이 때문에 가족 명의를 활용해 복수계좌로 공모주에 청약하는 개인투자자들이 상당수다.

개별적인 접근에 자신이 없는 경우 공모주펀드 등 금융상품을 활용하는 것도 방법이다. 2018년 4월 출시된 '코스닥 벤처펀드'는 코스닥 공모주 물량의 30%를 우선 배정받을 수 있다. 투자 한도는 제한이 없으나 소득공제는 1인당 3천만 원의 10%인 300만 원까지 받을 수 있다. 투자일이 속한 과세연도부터 투자 후 2년이 되는 날이 속하는 과세연도 중 투자자가 선택하는 과세연도에 투자 건별 1회에 한

해 소득공제가 가능하며, 소득공제를 받기 위해서는 '출자 또는 투자확인서'를 펀드온라인코리아(www.fundonline.co.kr)에서 발급받아 소득공제신청서에 첨부해야 한다.

이러한 소득공제를 적용받기 위한 가입 기한은 2020년 12월 31일까지이며 계약기간은 3년 이상, 또는 매입 건별로 3년 이상 보유해야 한다. 또 증권사별로 개인 투자자를 대상으로 공모주 청약에 대한 우대 조건을 제시하고 있어 꼼꼼한 사전 파악 작업을 선행하면 보다 유리하다.

공모주투자자의 경우 기관과 개인을 막론하고 상장 첫날 보유 주식을 매도하는 단타 위주의 투자자가 적지 않다. 그러므로 매매전략에 대해서도 고민이 필요하다.

⏳ 1분 금융 스터디

▶ 의무보호예수

증권시장에 새로 상장되거나 인수 합병, 유상증자가 있을 때 최대주주 등이 보유한 주식을 일정기간 팔지 못하게 한 제도다. 회사 정보를 잘 알고 있는 최대주주 지분 매각에 따른 주가 급락으로부터 소액투자자를 보호하기 위해 도입되었다. 공모주 물량을 받기 위해 이 회사 주식을 며칠 지난 뒤에 팔겠다고 확약을 거는 것은 그만큼 인기가 좋다는 지표로 볼 수 있다.

주식투자,
과학적으로 접근하라

주식으로 돈 벌었다는 사람은 그다지 많지 않다.
주식은 '사고 파는 것'이 아니라 '모으는 것'이다.

Q

처음 주식투자를 하는 초보입니다. 인터넷이나 TV에 나오는 대박 추천 종목
들을 따라 사봐도 좀처럼 수익이 나질 않습니다. 왜 제가 주식을 사기만 하면
주가가 떨어질까요?

주식을 시작하는 대부분의 투자자는 '어떤 주식을 사야 돈을 벌 수 있을까?'
에만 관심을 가질 뿐, '주식이란 무엇이고 좋은 주식을 고르는 방법은 무엇일
까?'에 대해서는 고민하지 않습니다. 하지만 이러한 고민 없이는 주식투자로
돈을 낼 수 없음을 알아야 합니다.

A

미국의 저명한 투자전문가인 워렌 버핏은 20년간 연평균
20%의 수익률을 달성했다. 꼼꼼하고 섬세한 내향적인 성격인 그

는 예리한 관찰력과 집중력을 가졌다. 그는 투자 초기에 수많은 경제서적을 읽으면서 투자를 준비했다.

버핏에 따르면 투자대상은 사업이 단순해서 한눈에 쉽게 이해할 수 있어야 하며, 사업의 성과와 일관되면서 안정적인 영업이익을 확보할 수 있어야 한다. 따라서 그는 코카콜라처럼 친근한 소비재이면서도 시장 독과점적인 대주주가 책임경영을 하는 기업을 선호했고 실제로 투자했다.

투자의 원칙을 이해하고 전략을 세우며 꾸준한 노력을 한 버핏은 미국 경제전문지 〈포브스〉에 의해 세계 재력가 1위(재산 58조 8천억 원)에 선정되었고, 2010년 미국 대통령 자유 메달 수상, 2012년 미국 〈타임〉이 뽑은 '세계에서 가장 영향력 있는 100인'에 선정되었으며, 마이크로소프트의 빌 게이츠 등 억만장자들이 그의 조언에 귀를 기울이는 세계 최고의 투자 귀재가 되었다.

향후 10년의 기간을 놓고 볼 때 재테크의 성패는 주식투자의 성패로 판가름난다는 데 이견을 제시하는 사람은 없을 것이다. 10% 이상의 초과수익을 목표로 하는 투자자는 자산의 상당 부분을 주식에 투자해야 한다.

이때 가장 중요한 점은 올바른 방법으로 주식투자를 해야 한다는 것이다. 주식시장의 운용 메커니즘을 이해하고 정확한 주가 분석을 통한 투자를 해야 수익을 기대할 수 있다.

또한 주식투자에 성공하기 위해서는 세상을 바라보는 건전한 식견과 상식이 있어야 한다. 워렌 버핏이 찾는 후계자 역시 지식과 상식을 갖춘 사람이다. 주가는 숫자로 움직이는 무생물체가 아니라 세상 만사가 녹아든 살아있는 생명체인 것이다.

주식투자의 핵심은 주가 분석

주가 분석은 현재의 주가를 분석해 더 상승할 것인지 혹은 하락할 것인지를 예측하는 과정이다. 그렇기 때문에 주식투자의 핵심은 바로 주가 분석에 있다.

주식투자에서 높은 수익을 내려면 주식을 싸게 사서 비싸게 팔아야 하는데, 주식이 더 오를지 혹은 더 내릴지 판단하지 못하면 투자에 성공할 수 없다. 합리적인 접근 없이 막연한 감만 갖고 투자해서는 10% 수익률을 올리기는커녕 쪽박을 차기 쉽다.

물론 주식시장의 수많은 애널리스트가 내놓는 주가 분석을 일정 기간이 지난 후에 조사해보면 절반 이상이 빗나갔다고 한다. 그만큼 주가를 정확하게 예측하기가 어렵다.

절반도 넘지 못하는 예측 성과에도 불구하고 지금도 수많은 전문가가 주가 분석에 대한 노력을 아끼지 않고 있다. 왜 그럴까? 그것은 주가 분석의 고정이 없으면 투자에 대한 어떠한 설명이나 조언도 할 수 없기 때문이다.

왜 지금 주식을 매도해야 하는지 혹은 왜 지금 주식을 사야 하는지 등을 설명하지 못한다면 그것은 이미 합리적인 투자가 아니다.

이른바 '묻지마 투자'나 투기적인 도박과 크게 다를 바가 없다.

일반투자자의 입장에서는 전문가들이 주식이 오를 것이라고 예상하거나 내린다고 한 목소리를 낼 때가 오히려 판단하기에 더 어려운 상황이다. 서로 다른 의견이 존재해야 오히려 이성적으로 판단할 수 있다.

곰곰히 생각해보면 판단은 어디까지나 투자자 본인의 몫이다. 그러니 주가 분석의 과정을 더 잘 이해해야 하고, 그래야만 현명한 판단을 내릴 수 있다.

기술적 분석 vs. 기본적 분석

주가 분석 방법은 크게 2가지가 있다. 기술적 분석과 기본적 분석으로 구분한다.

기술적 분석은 과거의 주가 흐름과 거래량 등을 바탕으로 주가흐름의 패턴을 찾아내고, 그 패턴을 이용해 미래의 주가흐름을 예측하는 방법이다. 기술적 분석을 선호하는 사람은 차트를 즐겨 사용하기 때문에 일명 '차티스트'라고 불리는데, 이들은 기업의 수익가치나 자산가치보다는 과거의 주가 흐름과 거래량으로 판단한다.

기본적 분석은 기업의 본질적인 수익가치와 자산가치를 찾아낸 후 그 수치를 현 주가와 비교해 미래의 주가흐름을 예측하는 방법이다. 과거 실적을 바탕으로 미래 실적을 예측하는 과정과 이러한 실적 바탕으로 기업 수익가치와 자산가치를 거친다. 기업가치에 비해 주가가 낮으면 사고, 반대로 비싸면 판다.

기본적 분석과 기술적 분석 모두 주식투자의 중요한 요소다. 또한 금리와 주가, 환율, 외국인 수급, 대내외 정치적·경제적 상황 등 주가 분석의 기초 지식들을 잘 엮어서 자신만의 큰 틀이나 그릇을 만들어 놓고 주식시장에 대한 안목을 만들어야 한다.

평생 살 집 고르듯 주식을 골라라

일반투자자가 직접 주식투자를 할 때 가장 범하기 쉬운 실수는 너무 많은 주식에 투자하거나 이 주식 저 주식에 손대는 것이다. 이런 식의 투자는 주가가 조금 상승하면 매도하고, 반대로 조금 하락하면 매수하는 단기매매로 이어질 확률이 높다. 게다가 단기매매를 하다 보면 대출을 받아 투자금액을 늘리기도 한다.

이렇게까지 하는 사람이 있을까 싶지만, 실제로 이런 악순환으로 손해를 보는 투자자는 의외로 많다. 이런 식의 단기매매 방식으로는 주가가 대세 상승기에 접어들면 매수 시점을 놓쳐서 큰 수익을 내지 못하고, 반대로 대세 하락기에는 매도 시점을 놓쳐서 큰 손실을 입을 수 있다.

주식투자의 대가들은 하나같이 장기투자를 선호한다. 그들은 "장기투자를 해야 하며, 장기투자를 하기 위해서는 처음부터 평생 살

집 고르듯 주식 또한 신중하게 고르라"고 충고한다.

　보유하고 있는 종목은 4~5개가 적당하다. 너무 많은 종목에 신경을 쓰다보면 오히려 모두 놓칠 가능성이 높다. 그리고 한 번 보유한 종목은 꾸준한 관심을 쏟아야 한다. 이때 다음 7가지, 일명 윌리엄 오닐이 주장한 '캔슬림CANSLIM'을 늘 챙겨야 한다.

- C: Current EPS(기업의 분기별 주당순이익 추이)
- A: Annual EPS(연간 주당순이익 추이)
- N: News(해당 기업의 새로운 뉴스가 있는가)
- SL: Small but Leader(작지만 선두권에 있는 기업인가, 그러나 크고 선두권에 있는 기업도 무방)
- I: Interest(해당 주식에 대한 기관투자자의 관심은 계속해서 높은가)
- M: Market(주식시장이 강세장인가)

⧖ 1분 금융 스터디

▶ 애널리스트(투자분석가)

자신의 회사 또는 회사 고객들에게 금융투자에 대한 전문적인 의견을 제공하기 위해서 관련된 금융시장 정보를 정확하게 수집하고 분석하는 작업을 수행한다. 즉 증권사, 경제연구소, 투자은행, 자산운용사, 벤처캐피탈 등에서 주식종목, 경제시황, 시장 및 경영 현황 등을 분석하며 단어 자체가 '분석가'라는 뜻을 갖고 있다.

이제 해외투자시대.
글로벌 기업에 주목하자!

글로벌 시가 총액에서 국내 시장은 고작 2%다.
나머지 98%의 시장에 더 큰 기회가 있다.

Q

몇 년 동안 박스권 안에 있는 답답한 국내 시장에 주식투자를 해서 만족할 만
한 수익을 못내고 있습니다. 리스크를 줄이고 분산투자를 할 수 있는 다양한
주식투자 방법이 없을까요?

있습니다. 국내에서 투자 기회를 찾기 어렵다면 '새로운 투자 기회'를 찾을 수
있는 해외주식을 직구처럼 쉽게 투자할 수 있습니다.

A

여유자금이 있었던 이 사장은 예금금리가 낮아서 투자성향도 안
정 추구형에서 공격투자 쪽으로 많이 선회하고 있다. 다만 국내시장
이 2011년에서 2016년까지 2000포인트 전후로 박스권에 갇혀있다

보니 시장에서 기대만큼 수익을 내지 못하면서, 한 국가에만 투자했을 때보다 리스크를 줄이고 분산투자를 할 수 있는 해외주식투자를 선택했다.

결과는 대성공이었다. 해외투자의 수익성이 높아서 이 사장은 고수익을 낼 수 있었다. 아마존, 엔비디아, 알리바바, 애플 같은 4차 산업과 관련한 인터넷·IT 기업에 투자해서 연 30% 이상의 수익을 낼 수가 있었다. 앞으로도 국내에서 투자 기회를 찾기 어렵다고 생각한 이 사장은 국내주식투자에서 해외주식투자로 점점 투자금액을 늘려나갈 생각이다.

늘어나는 해외주식 직구

현재 글로벌 시가총액에서 국내 시장이 차지하는 비율은 2%에 그친다. 이런 점을 고려하면 나머지 98%의 시장에서 더 많은 투자 기회를 얻을 수 있는 셈이다.

글로벌 시가총액에서 비중이 가장 높은 주식시장은 미국 뉴욕 증권거래소(26%)다. 그 다음으로 나스닥(12%), 일본 거래소(7%), 중국 상해 거래소(3%)다. 이런 이유로 국내 주식시장만 바라보던 투자자들의 관심도는 해외로 향하고 있다.

저금리, 저성장 시대가 시작되면서 국내 기업들의 성장성이 정체되고 시장에서 기대만큼 수익을 얻지 못한 투자자들이 해외에서 '새로운 투자 기회'를 찾고 있는 것이다.

"자산가 중에는 우리나라의 대표 종목인 삼성전자보다 구글이나 애플처럼 성장성이 있고 지정학적 리스크가 없는 해외주식에 대한 선호도가 높다"라는 말을 신문 기사에서 한두 번은 들어본 적이 있을 것이다. 실제로 그렇다.

한 국가에 펀드로 투자하기 보다 잘 선택했을 때 주가 상승 효과를 크게 누릴 수 있는 개별 종목에 대한 선호도가 커지고 있다. 특히 자산가들은 단기적인 이익 실현보다 장기보유나 자녀 증여용으로 발 빠르게 움직이고 있다.

해외주식투자가 프라이빗뱅킹PB을 이용하는 고액 자산가의 전유물로 인식되던 과거와는 상황이 달라졌다. 최근에는 투자정보가 인터넷 등을 통해 실시간으로 접할 수 있고, 증권사들도 미국, 중국, 홍콩, 일본, 유럽 등 해외주식투자 설명회를 통해 손쉽게 투자할 수 있도록 돕고 있다.

무엇보다 가장 큰 변화는 수익률이 나쁘지 않다는 점에서 투자자들의 이목을 끌고 있다는 것이다. 해외 명품의 경우 직구를 통해 국내보다 저렴한 가격에 구입할 수 있는 것처럼 주식시장에도 변화가 일어나고 있는 것이다.

해외주식을 사는 방법은 국내주식 거래처럼 쉽고 편리하게 할 수 있다. 증권사 계좌개설 후 해외주식 거래가 가능하며 원화를 입금해 환전 요청을 하거나, 외화 입금을 한 후 온·오프라인을 통해 주식매매가 바로 가능하다.

| 해외주식 거래 방법

Step 1
계좌 개설

- 종합위탁계좌 개설
- 은행 연계계좌, 비대면계좌 가능
- KB 글로벌외화투자통장 가능(은행개설)

Step 2
외화 환전

- KB 국민은행 실시간 전신 환율 적용
- 환전시간 : 09:00~23:30
- 은행에서 환전/보유한 외화 예수금을 증권계좌로 송금해 거래 가능(고객센터에 외화연계가상계좌 유선신청 가능)

Step 3
해외주식 매매

- 증거금 100%(신용불가)
- 지정가 주문, 당일주문만 가능(미국주식은 예약주문 가능)

출처: KB은행

| 수수료 안내

국가 (거래통화)	오프라인 (최소 수수료)	온라인 (최소 수수료)	제비용 (별도부과)
미국 (USD)	0.5% (USD 10)	0.25% (USD 5)	매도시 0.00231%
중국 (CNY)	0.5% (CNY 50)	0.3% (CNY 50)	매수시 0.01087% 매도시 0.11087%
홍콩 (HKD)	0.5% (HKD 200)	0.3% (HKD 100)	매수/매도 0.1077%
일본 (JPY)	0.5% (JPY 5,000)	0.3% (JPY 1,000)	-

| 거래시간 및 결제일

국가	한국시간 기준	결제일
미국	23:30~06:00 썸머타임 : 22:30~05:00	T+3
중국	10:30~12:30/ 14:00~16:00	T+1
홍콩	10:30~13:00/ 14:00~17:00	T+2
일본	9:00~11:30/ 12:30~15:00	T+3

출처: KB은행

다만 해외주식 거래를 하기 전에 미리 체크해야 할 점이 있다. 최소수수료, 제비용 및 국가별 거래시간 및 결제일, 거래가능 국가, 양도소득세 등을 미리 숙지해야 한다.

국가별 특성은 이해하고 투자해야 한다

해외주식투자는 국내주식과 크게 다르지 않지만 거래통화, 거래간, 거래단위, 거래제한폭 등 국가별로 충분히 이해하고 매매해야 한다. 무엇보다도 통화가치가 전체 수익률에 영향을 많이 끼치며, 최소 매매수수료 외 환전수수료 부담도 고려해야 한다.

세금 역시 중요한데, 국내주식은 매매손익에 대해 비과세인 반면 해외주식은 매매손익(매매차익 - 매매차손)에 대해 양도소득세 22%가 부과된다. 양도소득은 이자 배당소득과 달리 소득자가 직접 국세청에 소득신고 후 세금을 납부해야 한다.

물론 해외주식에서 배당금을 받게 되면 국내주식과 마찬가지로 배당소득세가 발생하고, 다른 금융소득과 합산해 연간 2천만 원을 초과할 경우에는 금융소득 종합과세 대상에 해당된다. 이때 해외 배당소득세는 해당 국가의 세법에 따라 원천징수한다.

일부 증권사들은 종합소득세 신고 기간에 맞추어 고객들의 세금신고 대행 서비스를 하고 있다. 거래 증권사를 통한 손쉬운 양도소득 신고 서비스를 활용할 수도 있다.

| 거래 가능 국가

구분	국가
온오프라인	미국, 중국, 홍콩, 일본
오프라인(전화주문) 거래만 가능	• 북미 : 캐나다 • 아시아/태평양 : 베트남, 인도네시아, 태국, 싱가포르, 호주, 뉴질랜드 • 유럽 : 영국, 독일, 프랑스, 이탈리아, 그리스, 벨기에, 핀란드, 아일랜드, 네덜란드, 포르투갈, 스페인, 오스트리아, 덴마크, 노르웨이, 스웨덴, 스위스

출처: KB은행

| 양도소득세

항목	내용
개요	해외주식(ETF 포함)은 매도시 양도소득세 신고 필요
세율	22%
공제	인별 연 250만 원
납부기간	매도 발생 다음 해 5월 한달간
과세분류	분류과세(종합소득과세 미포함)

출처: KB은행

| 온라인매체 설치 방법

매체	설치 방법
H-able(HTS)	KB 증권 홈페이지(www.kbsec.com)접속 > 고객서비스 > 온라인트레이딩 > 다운로드센터
Globalable(MTS)	Play 스토어(App Store)실행 > KB 증권 글로벌 에이블 검색 및 설치

출처: KB은행

해외주식투자에 필요한 정보에 접근하기가 어려워서 망설이고 있다면, 증권사 해외전용 홈트레이딩서비스HTS와 모바일트레이딩서비스MTS를 통해 해외투자정보와 해외주식 종목뿐만 아니라 경제분석, 환율전망 등 다양한 리서치 자료를 손쉽게 확인할 수 있다.

다양한 글로벌투자 환경에서 오로지 국내주식에만 몰두하는 패턴에서 벗어나야 한다. 하나의 투자 대안이 될 수 있는 해외주식을 고려해볼 필요가 충분히 있다.

⏳ 1분 금융 스터디

▶ 뉴욕증권거래소(NYSE)

미국 뉴욕에 있는 세계 최대 규모의 증권거래소다. 세계 금융중심지인 월 스트리트(Wall Street)의 상징이며 아멕스(AMEX), 나스닥(NASDAQ)과 함께 미국 3대 증권거래소이기도 하다. 다우지수와 스탠더드 앤드 푸어스 500지수 등 세계 증시의 주요 지표가 되는 지수들이 뉴욕 거래소를 통해 산출되는데 '빅 보드(Big Board)'라는 애칭으로 불리기도 한다.

파생상품으로
플러스 알파를 노려라

기초자산의 가치 변동에 따라 가격이 결정되는 금융상품으로
'하이 리스크, 하이 리턴'의 전형적인 사례가 파생상품이다.

Q

신문을 보니 '세 마녀의 날'이라는 표현이 나옵니다. 트리플위칭데이가 무엇인
가요?

트리플위칭데이는 주가지수 선물, 주가지수 옵션, 개별주식 옵션, 이렇게 3개
파생상품시장의 만기일이 동시에 겹치는 날(3월, 6월, 9월, 12월의 두 번째 목요
일)을 말합니다. 트리플위칭데이를 굳이 우리말로 해석하면 세 마녀가 심술을
부리는 날로 표현할 수 있습니다.

A

　　주식을 시작한 지 얼마 안 된 초보투자자 김 주임은 주식시장을
흔히 현물시장이라고 하는 건 알고 있는데, 선물옵션시장은 아무래
도 생소하고 어렵다. 그러던 차에 선물옵션 시장에 대해 궁금한 것

이 많아 '파생상품 투자설명회'를 다녀왔다.

김 주임은 주식에서 파생한 금융상품이 선물이라는 사실을 알게 되었고, 선물은 자신의 보유 자산에 10배 가까운 레버리지를 활용하기 때문에 수익도 크지만, 반대로 손실이 10%만 발생해도 전 자산이 0원으로 변할 수 있다는 점도 알게 되었다. 초보자들에게는 너무나 위험한 투자방법이라는 생각에 오랜 시간동안 충분히 준비한 후에 투자를 하리라 결심했다.

여유자금이 생기면 자금확충을 위해 주식이나 채권에 투자하고, 돈이 필요할 때 은행권에서 대출을 받는 일반투자자나 기업은 주가나 금리 변동에 민감하게 반응할 수밖에 없다. 또한 외국과의 교역이 많은 기업이나 금융기관은 환율의 변동에 많은 관심을 쏟는다. 이러한 주가나 금리, 환율 변동에 따른 위험을 관리하기 위해 만들어진 상품이 '파생상품'이다.

대표적인 파생상품으로는 선물옵션이 있다. '파생'이라는 이름은 기초가 되는 주식이나 채권, 환율의 변동에 따라 큰 영향을 받는다(파생되어 결정된다)는 것에서 유래되었다.

최근 들어 선물과 옵션이 주가에 미치는 영향이 점점 커지고 있고, 주식과 더불어 파생상품이 주류를 이루고 있다. 따라서 투자자가 파생상품을 이해하지 못하면 원하는 투자 성과를 얻기 어려운 시기가 되었다.

하지만 돈과 기술이 부족한 일반 투자자가 파생상품으로 수익을 올리기는 쉽지 않다. 그렇다 하더라도 전체 금융시장을 이해하기 위해서는 파생상품의 특성과 구조, 근본원리 등을 기본적으로 알고 있어야 한다.

버는 이가 있으면 잃는 이도 있는 선물거래

선물시장을 간단히 정의하면 '어떤 상품을 미리 정한 가격으로 미래의 시점에 결제하는 거래'라고 할 수 있다. 거래소를 통해 거래가 이루어지고, 선물상품은 규격이 표준화되어 있으며, 계약 불이행을 방지하기 위해 '청산소'가 존재하며, 적립금 적립 제도와 일일 정산 제도라는 2가지 제도를 통해 계약 이행 여부를 확인한다.

일반적으로 차입금 등 타인의 자본을 지렛대 삼아 자기자본이익률을 높이는 것을 레버리지 효과leverage effect(지렛대 효과)라고 한다. 선물옵션은 최소한의 증거금만 내면 거래가 가능하기 때문에 레버리지 효과를 충분히 활용할 수 있다.

선물거래는 사고 파는 양방향 거래가 가능하고, 만기가 있으며, 일종의 제로섬zero-sum 게임이라고 볼 수 있다. 주식 같은 현물시장에서는 주가가 오르거나 떨어지면 대부분의 투자자가 동시에 이익을 보거나 손해를 본다. 그러나 선물 시장에서는 돈을 번 사람과 돈을 잃은 사람의 손익을 모두 합하면 제로(0)가 된다. 같은 물건을 놓고 한 사람은 팔고 한 사람은 샀으므로 두 사람 모두 돈을 벌거나 잃을 수 없는 것과 같은 이치다.

살 수 있는 권리 콜옵션, 팔 수 있는 권리 풋옵션

옵션은 지금부터 미래의 일정 시점(만기일)이나 그 이전에 정해진 가격(행사 가격)으로 특정 증권을 사거나 팔 수 있는 권리를 말한다. 이때 살 수 있는 권리를 '콜call옵션'이라 하고, 반대로 팔 수 있는 권리를 '풋put옵션'이라고 한다.

투자자가 이러한 권리를 사려면 당연히 비용을 지불해야 하는데, 이 비용을 '옵션의 프리미엄'이라고 한다. 프리미엄은 투자자가 지불하는 비용인 동시에 시장의 가격이다.

프리미엄을 내고 옵션을 사는 사람을 매입자 혹은 투자자라고 한다. 반대로 돈을 받고 옵션을 파는 사람을 옵션의 발행자 혹은 매도자라고 한다. 매도자는 돈을 받고 권리를 팔았으므로 매수자가 권리를 행사하면 그에 상응하는 의무를 행해야 한다.

옵션거래의 특징으로는 선물과 마찬가지로 활발한 매매를 위해 거래소가 존재하고, 규격화(표준화)하고 있으며, 여러가지 제도를 가지고 청산소를 운영하고 있다.

옵션에서 거래하는 상품은 매우 다양하다. 옵션의 대표적인 기초자산으로는 금·은·옥수수 등의 현물과 주가·외환 등의 금융상품이 있다.

매월 2번째 목요일은 옵션 만기일

기초상품의 가격에 미래 상황이 반영되어 만들어진 대표적인 파생상품인 선물과 옵션은 주식과 달리 각각의 만기가 있다. 선물 만기는 3월, 6월, 9월, 12월로 1년에 4번이고, 옵션은 매달 2번째 목요일이 만기다. 선물옵션의 만기일이 둘째주 목요일이 아니라 2번째 목요일이라는 것을 잊지 말자.

그 만기일을 기준으로 가격이 천변만화千變萬化한다. 특히 선물과 옵션(지수, 개별주식)의 만기일이 겹치면 세 마녀의 날(트리플위칭데이)이라고 해서 가격 변화가 아주 심한 날로 시장에 알려져 있다. 그날의 주가가 곧 투자의 손해나 이득을 결정하기 때문이다. 주가지수 선물, 주가지수 옵션, 개별주식 선물, 개별주식 옵션 같은 파생상품의 결제일이 그만큼 시장을 긴박하게 돌아가게 하는 이유다.

대체적으로 트리플위칭데이에는 투자심리가 위축되면서 약세장이 펼쳐지기 일쑤다. 하지만 트리플위칭데이에 무조건 지수나 주가가 떨어진다는 등식은 성립하지 않는다. 선물옵션과 연계되어 매물화될 수 있는 매수차익거래 잔고물량이 많고 적음에 따라 장 분위기가 결정되기 때문이다. 잔고물량이 적으면 증시 충격은 그만큼 줄어들고, 많으면 증시 악영향이 불가피하다.

그런데 만약 이런 파생상품의 결제일이 하루에 몰린다면 어떻게 될까? 당연히 시장가격은 투자자들의 이런 형태로 요동칠 것이다.

파생상품은 미래의 가격을 반영하기 때문에 그 움직임으로 경제

214

의 변화와 위험을 읽어볼 수 있다. 특히 이 시장의 주요 플레이어가 외국인과 기관이므로 전문가들의 미래 전망을 엿볼 수 있다.

선물이나 옵션 등 파생상품은 이해하기가 어렵고, 만기가 짧아 일반투자자가 직접 거래하기에는 부담이 크다. 특히 자금력과 매매 기술에서 뒤지는 일반투자자가 파생시장에서 직접 거래를 하다 보면 거의 대부분 돈을 잃는다. 그러나 주변에서 "파생상품에 투자해서 대박이 났다"는 이야기도 가끔 들을 때가 있을 것이다.

직접 거래를 하지 않더라도 상품의 종류와 수익구조 정도는 이해하고 있어야 한다. 파생상품을 이용한 새로운 합성상품이 시장에 속속 등장하면서 재테크의 중심이 되어가고 있기 때문이다.

⧗ 1분 금융 스터디

▸ 세 마녀의 날(Triple Witching Day)

3, 6, 9, 12월의 2번째 목요일로 주가지수 선물, 주가지수 옵션, 개별주식 옵션, 이렇게 3가지 파생상품의 만기일이 동시에 겹치는 날을 의미한다. 이 날이 되면 마치 3명의 마녀가 심술을 부린 듯 주가가 들락날락하는 경우가 많기 때문에 이러한 이름이 지어졌다. 현재는 여기에 개별주식 선물이 추가되어 '네 마녀의 날'로 불리기도 한다.

ETF,
일반 펀드보다 이런 점이 더 좋다

목적에 따라 방법이 다양하고, 시장 하락에도 베팅 가능하다.
저렴한 수수료도 장점이며, 거래세는 보너스다.

Q

주식시장에서 IT업종의 전망이 유망하다고 판단되지만 막상 관련 종목을 개별적으로 선별해서 매수를 하자니 종목들이 너무 많아 선택하기가 어렵습니다. IT업종에 주로 투자하는 펀드를 가입했지만 기대만큼의 수익이 있지도 않습니다. 펀드나 주식보다는 변동성이 적지만 제가 직접투자를 할 수 있는 방법이 없을까요?

ETF는 특정지수를 추적하는 인덱스 펀드의 일종으로 그 지수 안에 있는 종목들에 분산투자하는 효과가 있어 상대적으로 리스크를 줄일 수 있습니다. 예를 들어 1주를 매입하더라도 ETF를 추종하는 지수 전체에 투자하는 효과가 있습니다. 인덱스 펀드와 주식의 장점을 가지고 있는 ETF는 분산투자 수단으로 개별종목투자 대비 리스크를 저하시켜줍니다.

A

주식투자와 펀드투자가 재테크 포트폴리오의 대부분이었던 장 차장은 주식처럼 손쉽게 사고 팔면서 펀드처럼 투자하는 ETF로 포트폴리오를 변경했다. 다행히 과거보다 훨씬 높은 수익의 성과를 얻을 수 있어 대만족이다.

ETF는 주식으로 거래되기 때문에 실시간 조회와 매매가 가능하고, 펀드는 가입이나 환매시 하루 이상의 시차가 발생했지만 ETF는 그럴 걱정이 없다. 긴 환매기간을 기다리지 않고 자금을 회수할 수 있어 환금성도 좋은 데다, 낮은 펀드 수수료와 보수로 장기투자 기간 동안 계산해보니 비용 절감으로도 제법 큰 돈을 아낄 수 있게 되었다.

ETF는 Exchange Traded Fund의 약자로 인덱스 펀드를 거래소에 상장시켜 주식과 같이 거래되도록 한 것이다. 주식과 인덱스의 장점을 골고루 가지고 있으며, 미국의 한 펀드운용사가 투자전문가들을 대상으로 한 설문조사에서 "지난 20년간 가장 혁신적인 금융투자상품 중 하나"라는 찬사를 얻기도 했다.

ETF로 펀드와 주식의 장점을 한번에

2018년 8월 말 기준 국내 ETF 자산 총액은 39조 원으로, 처음 소개된 2002년 이후 연 평균 39%의 빠른 속도로 성장하고 있다. 일 평균 거래대금도 2018년 1조 3천 979억 원으로 2017년보다 47% 증가한 것을 봐도 가히 ETF가 투자의 대세라고 할 만하다. 우리나라뿐만 아니라 전 세계적으로도 ETF의 규모는 빠르게 폭발적으로 증가하고 있다.

투자자에게 있어 ETF의 가장 큰 매력은 자신의 자산 규모에 상관없이 금융시장 내 모든 영역에 손쉽게 다가갈 수 있다는 점이다. 즉 ETF는 일반 펀드와는 달리 거래소에서 주식과 동일하게 거래할 수 있다. 또한 여타 펀드 같은 투자상품과 비교했을 때 운용보수가 상대적으로 저렴하다.

이에 더해 펀드를 구성하고 있는 자산과 펀드가 추구하는 투자전략이 투명하게 공개되는 것도 매력적이다. 투자자들이 투자에 따른 잠재적 수익과 위험을 쉽게 파악할 수 있기 때문이다.

ETF는 하이브리드 투자상품이라 할 수 있다. 즉 일반 펀드를 이용한 투자와 주식 거래의 속성이 결합되어 있다. 투자자는 일반 펀드와 마찬가지로 특정 ETF를 매수함으로써 하나의 펀드로 묶인 여러 자산들을 보유할 수 있다.

여기서 투자 대상은 주식, 채권, 원자재, 통화 같은 자산군에서 중국주식, 미국 국채, 유가, 유로화 등의 세부자산에 이르기까지 매우 다양하다. 또한 ETF는 전 세계 거래소를 통해 거래되는 상품이라는 특성 덕분에 증권계좌를 통해 손쉽게 매도하거나 매수할 수 있다.

ETF의 매력 포인트는 무엇인가?

금융시장에서 ETF가 하나의 투자상품으로서 단기간에 성공적으로 자리잡을 수 있었던 요인은 과연 무엇일까? 이는 인덱스 전략에 다른 낮은 비용 lower cost, 접근성access, 투명성transparency으로 요약할 수 있다.

첫째, 패시브 전략에 따른 ETF의 낮은 비용이다. ETF투자의 가장 큰 매력은 저렴한 비용이다. 모든 펀드는 구조에 상관없이 비용을 부과한다. 이런 비용에는 운용보수, 수탁보수, 마케팅비용 등이 포함된다. 이런 비용은 일반적으로 수익률을 좌우하는 중요한 요소이며, 펀드의 비용이 낮을수록 해당 펀드의 기대수익률이 높다.

ETF가 비용 측면에서 강점을 가질 수 있는 가장 큰 이유는 ETF라는 명칭에서도 잘 드러난다. ETF는 거래소를 통해 거래exchange traded된다. 따라서 개인투자자가 ETF를 매도 또는 매수하고자 할 경우, 증권계좌를 통해 거래소를 이용하면 된다. 투자자가 누구인지 기록하고, 투자설명서를 발송하는 등의 운용보수와 비용은 모두 증권사의 몫이 된다.

ETF는 운용보수가 매우 낮고, 만기 전 환매수수료가 없다는 장점이 있다. 그런 반면 사고 팔 때 주식처럼 거래수수료가 발생하기 때문에 잦은 거래는 주의해야 한다.

한편 ETF 운용사의 입장에서는 고객의 범위가 주식거래와 마찬가지로 투자자가 개설한 증권사만으로 한정된다. 또한 ETF는 기존의 일반 펀드 또는 액티브 펀드와 비교해보더라도 운용과 보유 비용이 저렴하다.

국내 주식형 ETF의 경우에는 증권거래세가 부과되지 않는 절세 효과도 있다. 하지만 채권, 파생, 해외 ETF의 경우에는 세금이 붙는데 매매차익과 과표 기준가 증가분 중 적은 금액에 대해 15.4%가 과세된다.

둘째, 다양한 자산에 대한 접근성이다. ETF투자의 또 다른 장점은 다양한 자산에 대한 접근성이 높다는 것이다. ETF를 이용하면 매우 다양한 섹터, 스타일, 산업, 국가에 손쉽게 투자할 수 있다. 이에 따라 투자자는 ETF투자를 통해 새로운 포트폴리오 구성과 분산투자를 통한 위험관리의 기회를 얻을 수 있다.

ETF시장이 커지기 전까지만 해도 금이나 신흥국 채권, 통화, 변동성 자산 또는 대체자산 같은 다양한 자산에 대한 투자는 많은 비용을 지불해야 했기 때문에 기관투자자만의 영역으로 간주되었다. 그러나 최근 들어 ETF투자가 활성화되면서 증권계좌를 개설한 투자자라면 누구나 글로벌 자산시장의 모든 분야에 손쉽게 접근할 수 있게 되었다.

이는 매우 중요한 변화다. ETF는 증권거래소에서 거래되기 때문에 투자자금의 규모 또는 투자 기간에 상관없이 모든 투자자들이 금융시장 내 모든 상품에 다가갈 수 있기 때문에 공평한 투자 기회의 장을 제공하고 있다.

또한 ETF도 공매도의 대상이 될 수 있기 때문에 투자 목적에 따라 인버스 익스포저를 제공한다. 즉 ETF는 자산가격 상승은 물론 하락시에도 수익을 추구할 수 있는 기회를 제공한다.

셋째, 포트폴리오의 투명성 확보다. 전통적인 자산운용업은 투명성보다는 투자 성과에 초점이 맞춰져 있었기 때문에 투자자의 인식이 다소 부정적이었다. 미국 법률에 따르면 뮤추얼 펀드는 오로지 분기 기준으로 포트폴리오를 공개하도록 되어 있다.

헤지펀드와 기관의 펀드운용사들은 일반적으로 연간 3~4차례 정도 투자 실적과 포트폴리오를 보고한다. 한 차례의 보고서가 발간되고 다음 보고서가 발간되기 전까지 투자자들은 해당 펀드가 본래 목적에 맞게 투자되고 있는지, 운용사들이 예상하지 못했던 위험 요인들을 잘 관리하고 있는지 등의 여부에 대해 알 수 없다.

이와 대조적으로 대부분의 ETF 운용사들은 웹사이트를 통해 매일 전체 포트폴리오를 공개하며, 해당 정보는 데이터 서비스 업체들에게도 제공된다. 일반적으로 ETF는 매 거래의 시작 시점에서 편입된 자산을 공개한다. 덕분에 잠재 매수자와 매도자 모두 기초자산 가치 대비 ETF 거래가격을 평가할 수 있다.

이와 같은 투명성은 포트폴리오 구축과 분석에 큰 도움이 된다. 액티브하게 운용되는 ETF는 매일 전체 포트폴리를 공개하도록 의무화되어 있기 때문에 모든 ETF는 금융상품들 중에서 가장 상대적으로 높은 투명성을 자랑한다.

ETF에 존재하는 위험

ETF는 앞서 소개한 많은 장점을 가지고 있다. 하지만 투자 전략으로 ETF를 활용하기에 앞서 잠재적인 위험 요인들에 대해서도 반드시 주의를 기울여야 한다.

무엇보다도 투자가 가능한 새로운 자산군의 등장은 새로운 위험을 수반한다는 사실을 반드시 기억해야 한다. ETF와 ETF를 활용한 투자 전략을 처음 접한 투자자라면 기초자산과 수익 요인, 관련 위험 요인들에 대해 익숙하지 않기 마련이다. 글로벌 주식시장에 정통한 투자자라 할 지라도 글로벌 회사채와 직접 통화투자 혹은 신흥시장 소형주에 내재된 위험 요인들에 대해서는 익숙하지 않을 수 있다. ETF를 통해 투자할 수 있는 자산군이 다양해질수록 그만큼 위험 익스포저가 커진다는 사실을 반드시 기억해야만 한다.

ETF는 전통적 펀드보다 더 복잡하며, 개인투자자들이 이해하기가 쉽지 않다. 온종일 거래가 가능하다는 장점이 있지만, 투자상품 선택시 거래량을 반드시 체크해야 하는데 ETF도 주식과 마찬가지로 거래가 많지 않으면 원하는 양을 원하는 가격에 팔 수 없기 때문이다. 반면 거래량이 지나치게 많아지면 실적이 나빠질 수 있으며, 매매수수료에 따른 전체 비용이 증가할 수 있다. 투자대상에 따라 세금도 달라지는데, 특히 해외에 상장된 ETF에 투자시 22%의 양도소득세가 부과 된다는 점은 잘 체크해야 한다.

투자를 하고 싶은데 주식과 펀드 중 어떤 상품을 고르는 것이 현

명한지 고민된다면 여러 종목에 분산투자하는 펀드와 거래소에 상
장된 주식의 장점을 혼합한 ETF에 관심을 가져보자.

단, ETF투자에 대한 이유가 명확해야 한다. 단지 일반 펀드보다
높은 수익률을 기대하고 투자해서는 안 된다.

⧖ **1분 금융 스터디**

▶ 인버스(Inverse)ETF vs. 레버리지(leverage)ETF

인버스ETF는 주가가 하락할 때 이익을 얻도록 설계된 상품이다. 예를 들어
KOSPI 200지수가 1% 하락할 경우 인버스 ETF는 플러스 1% 수익률을 목표로 운
영된다. '리버스(Reverse)ETF'라고도 한다. 반면 레버리지ETF는 주가가 오를 때
더 높은 배율로 수익을 얻도록 설계된 상품이다. 예를 들어 '3배 레버리지'라면
KOSPI 200지수가 1% 상승할 경우 레버리지 ETF는 플러스 3% 수익률을 목표로
운영된다.

보험상품에 관해 많은 이들이 오해하는 것이 있다. 바로 손해를 입기 쉬운 상품이라는 것이다. 이러한 인식은 주로 보장이 많은 보험상품에서 비롯된다. 보장이 많다 보니 중도에 또는 만기에 해지를 해도 원금 이하로 나오기가 일쑤기 때문이다. 보장성 보험은 '상부상조'라고 말할 수 있다. "1人은 萬人을 위해." "萬人은 1人을 위해." 반면 저축성 보험은 장기금융상품으로서 아주 매력적이다. 종잣돈 마련부터 자산관리, 연금준비, 절세까지, 자산 포트폴리오 추천상품에 저축성 상품이 빠지지 않는 이유다. 보험에 대한 정확한 인식으로 금융상품 선택의 폭을 넓혔으면 한다.

6장

행복한 노후는
생명보험상품이 지켜준다

종신/정기보험,
불의의 사고시 가족을 지켜준다

가족의 생활을 책임지고, 필요시엔 연금전환까지
사망 보장과 노후 준비까지 할 수 있다.

가장인 제가 불의의 사고로 잘못될 경우 가족들의 생활을 책임질 수 있는 상
품은 없나요?

종신보험이나 정기보험에 가입함으로써 가장이 유고시 경제적인 부담을 줄일
수 있어요.

외벌이인 40대 민 차장은 최근 지인의 장례식장에 다녀와서 고민
이 깊어졌다. 고인은 민 차장 또래의 나이와 비슷한 경제적 여건을
가지고 있는 일반 직장인이었다.

부양가족으로는 자녀 둘(중학생, 고등학생)에 배우자까지 총 3명이

었다. 가장으로 집안의 경제적 책임을 혼자 도맡았다. 그러나 불의의 사고로 인해 앞으로 남겨진 유가족의 생활도 막막해졌다. 회사에서 나오는 위로금으로는 대안이 되지 못하기 때문이다. 지인의 소개로 어쩔 수 없이 가입한 보험에서 약간의 사망보험금을 받아 그나마 조금 위로가 되었다.

민 차장은 남의 일 같지 않았다. 고인의 유가족이 앞으로 견뎌내야 할 가장의 빈자리 외에도 경제적인 부담으로 사랑하는 가족들이 힘겨운 나날들을 보낼 것이 불 보듯 뻔하기 때문이다. 민 차장은 상담 끝에 종신보험과 정기보험 가입을 통해 본인 사망시 가족을 지킬 수 있는 장치를 마련했다.

종신보험으로 가족사랑 실천

종신보험은 가족을 정말 지극히도 생각하는 우리나라에서 1990년대 중후반에 선풍적인 인기를 끌었던 대표적인 보장성 보험이다. 내가 사망시에 유가족에게 사망보험금으로 경제적 보상을 해주는 상품이다. 언젠가 사람은 사망을 하기 때문에 평생을 살며 한 번은 보험금을 받을 수 있는 보험이다.

종신보험을 가장 잘 활용하고 있는 유대인들은 자녀나 손자·손녀가 태어나면 출생선물로 종신보험에 가입시켜 주는 것으로 유명하다. 평균적으로 사망보험금이 100만 달러(약 11억)라고 하니 아이는 태어나면서부터 이미 부자인 셈이다. 종신보험으로 미래를 대비하고, 사망보험금의 일부를 또 종신보험에 가입해서 물려주고, 이렇게 유대인들은 대를 이어 보험으로 부를 축적해왔다.

보장의 탑 클라스, 종신보험

사망을 보장해주는 보험 중에서 대표적인 상품이 종신보험과 정기보험이다. 종신보험은 종신이라는 이름처럼 평생 죽을 때까지 보장을 해준다. 그렇기 때문에 보장 기간이 정해져 있지 않다. 반면에 정기보험은 사망보장은 종신보험과 동일하다.

다만 보험기간이 일정기간(60세, 70세, 80세 등)으로 한정되어 있는 상품이다. 예를 들어 65세 만기 정기보험을 가입한 경우 65세 이후에 사망한 경우는 보장을 해주지 않는다.

| 종신보험 vs. 정기보험 비교 (H생명, 스마트플러스 종신보험/스마트CEO 정기보험)

구분	종신보험	정기보험	비고
보험 기간	종신	60세	40세 남자 기준
납입 기간	20년	20년	–
월 보험료	24만 원	7만 원	차액 17만 원
가입금액	1억 원	1억 원	–
65세 시점 적립금	95% 수준	– (소멸)	–

일반적으로 연봉이 4천만 원이면 연봉의 5배 정도인 2억 원 정도의 사망보험금을 책정한다. 앞의 표처럼 35만 원 정도의 금액을 매월 지출해야 한다는 이야기가 된다. 이 금액은 부담일 수도, 아닐 수도 있다. 개인적인 상황에 따라 다르겠지만 부담이 되는 경우엔 정기보험으로 사망보장을 늘리고 종신보험료를 줄이는 방법도 있다.

종신보험은 불의의 사망시 보장이 되는 장점이 있다. 하지만 그러한 상황이 발생하지 않았을 경우에는 부담이 있을 수 있고, 보험사의 수수료(사업비) 또한 적지 않은 것이 사실이다.

최근에는 보험사들이 사망보험금을 먼저 받아쓸 수 있는 방법을 적용하고 있다. 매월 생활자금이나 연금처럼 받아쓸 수 있도록 자금 활용의 유연성을 높이는 것이다. 상황에 따라 종신보험과 정기보험을 적절히 사용하면 사망보장과 동시에 보험료 부담도 줄일 수 있고, 유사시 자금으로도 활용할 수 있다.

⧗ **1분 금융 스터디**

▶ 종신보험 vs. 정기보험

종신보험은 보험의 보장 기간을 기간 한정 없이 사망시까지 평생 담보하는 보험이다. 반면에 정기보험은 보장 기간을 60세 만기, 70세 만기 같이 일정 기간으로 한정하는 보험이다.

변액보험,
자산관리형 보험의 대세다

저금리 시대에 일반 금리상품은 이제 그만!
변액보험은 다양한 옵션을 활용하는 중장기 투자상품이다.

정기적금금리는 너무 낮고, 주식은 원금손실 위험이 큽니다. 장기투자시 수익
과 위험관리의 2마리 토끼를 다 잡을 수 있는 상품은 없을까요?

위험은 줄이고 필요시 자금을 효율적으로 사용할 수 있는 중간 정도의 수익
목표인 변액보험을 추천합니다.

대학교를 졸업하고 신입사원으로 직장생활을 하게 된 유 대리는
신입사원이다. 그러다보니 은행에 자주 갈 상황도 못되고, 아직은
금융상품에 대한 지식도 많지 않다.

돈을 모아보고 싶지만 정기예금의 낮은 금리는 만족스럽지 못하

고, 그렇다고 잘 알지도 못하면서 원금손실 가능성이 높은 주식에 직접투자하는 것도 너무 불안하다는 생각을 하고 있다. 이런 상황에서 내집 마련 같이 장기적으로 필요한 자금을 모아나갈 방법으로 변액보험에 대해 듣게 되었다.

변액보험이란 고객이 납입한 보험료의 일부를 주식이나 채권 등에 투자해 그 운용실적에 따라 발생한 이익을 고객에게 보험금으로 배분해주는 실적 배당형 보험을 말한다. 장기적으로 변액보험을 유지할 수 있다면 인플레이션 헷지를 통해 물가 상승이나 저금리를 대비할 수 있고, 유사시에는 중도인출을 통해 자금을 유연하게 활용할 수도 있다.

2001년 보험가격 자유화와 IMF 이후 금융시장 재편 및 급격한 금리 변동 등의 금융환경 변화에 대응이 필요해 도입된 보험상품이 변액보험이다. 초창기에는 수수료가 비싸고, 시장의 변화에 따른 펀드 변경 같은 적절한 관리도 되지 않아 수익률이 낮았으며, 그래서 고객의 외면을 받아온 것도 사실이다.

그러나 최근 다시 변액보험에 관심이 집중되고 있다. 그동안 사랑을 많이 받던 은행의 정기예금과 비슷한 고금리(공시이율)의 저축보험이 기준금리 1.5%의 저금리 시대를 맞아 설 자리가 좁아졌기 때문이다. 여기에 새로운 국제보험 회계기준 도입으로 저축보험의 판매가 보험 회사의 재무상태에 부담을 주기 때문에, 보험사로서는 예전과 같은 저축보험 위주의 판매가 어려워졌기 때문이기도 하다.

장기투자상품의 대세로 떠오른 변액보험

과거 변액보험의 경우 판매 후 고객, 보험사, 판매사 모두 펀드관리에 소홀해 수익이 저조했던 것이 고객의 외면을 받은 주요 원인이었다. 요즘은 보험사마다 이런 점을 보완해 적극적인 펀드 관리에 힘쓰고 있다. 펀드 관리에 로보어드바이저, 인공지능AI의 신기술 적용과 운용사 일임, 자동 자산배분 등을 통해 분기별·월별·주별 또는 수시로 시장 상황에 따라 펀드 자산배분을 알아서 해주고 있다. 중간에 펀드 변경도 별도 수수료 없이 자유롭게 할 수 있다.

최근 개별적인 투자 대상으로 유행하는 ELS, ETF, 4차 산업 관련, 고배당, 글로벌채권, 하이일드채권, 커버드 콜 등 각종 펀드를 변액보험에서 선택 가능하다. 일반 펀드로 하나씩 별도 가입할 필요 없이 선호하는 펀드를 한 가지 상품에 담아 운용할 수 있는 점과 10년 이상 보험계약 유지시 일정 한도 내에서 비과세 혜택이 있는 점도 다른 투자상품 대비 장점이라 할 수 있다.

시장에 따라 펀드 운용을 알아서 주기적으로 변경·관리함으로써 손실을 최소화하는 것이 가능하다. 또한 시장 상승기에도 수익을 볼수 있어 안정적 자산운용이 가능하다.

사회초년생으로 저위험 중수익을 추구하고 장기 목적자금 마련에 고민인 직장인에게 변액보험으로 변동성을 줄이면서도 일정수익을 기대할 수 있다. 펀드 운용시 전문가의 지속적인 관리가 가능하며, 장기상품이지만 필요시에는 중도인출을 통해 자금활용도

가능하다.

　이제는 변액보험은 하나의 상품 가입으로 다양한 분산투자 및 전문가의 위험 관리로 장기간 중수익 추구가 가능하며, 비과세 등의 절세 혜택과 필요시 중도 자금인출까지 활용할 수 있는 만능 종합 상품으로 거듭나고 있다. 변액보험에 대한 관심은 이제 선택이 아니라 필수다.

⧖ 1분 금융 스터디

▶ 변액보험 vs. 유니버설보험

보험료는 고객이 납부하는 돈이고, 보험금은 고객이 보험사에서 수령하는 금액을 말한다. 변액보험은 고객이 납부한 보험료 일부를 주식이나 채권에 투자해 투자실적에 따라 향후 수령하는 보험금이 변하게 된다. 반면에 유니버설보험은 정해진 보험료를 납부하는 일반보험과 달리 '자유납입'할 수 있으며, 필요시 '중도 인출'을 할 수 있는 특성을 가진 보험상품을 의미한다.

저축보험,
목돈 마련용으로 이보다 좋을 수 없다

목적자금 마련에 보장까지 일석이조 상품이다.
요건 충족시에는 비과세 혜택까지 누릴 수 있다.

장기로 손실없이 안정적인 목돈 마련을 하고 싶은데 적당한 상품이 없나요?

저축보험은 꾸준히 정기적금처럼 납입하고 장기 목적자금 마련에 적합합니다. 복잡하지 않고, 중도에 해지하고 싶은 유혹도 방지할 수 있습니다.

매번 적립식으로 조금씩 돈을 모아온 민 대리는 만기 전에 자꾸 돈 쓸 일이 생겨 해약을 자주 했다. 그는 마음이 약해 주변의 도움 요청을 뿌리치지 못하기도 하고, 중간 중간 충동구매도 있어 목돈 마련에 어려움이 많다.

그는 10년 정도 후에 좀더 나은 보금자리 마련을 계획하고 있는

데, 위험이 큰 투자형 상품보다는 안정적으로 목돈을 만드는 것을 중요하게 생각하고 있다. 이런 경우라면 적립식 저축보험을 통해 고민을 덜 수 있다.

저축보험은 약간의 사망보장과 일반 적금처럼 목돈을 마련할 수 있는 저축상품이다. 보장은 미미하지만 은행에서 판매하는 방카슈랑스 보험상품 중 가장 많이 판매가 되고 있다. 그렇다면 그 이유가 무엇일까?

위험보장보다는 저축이 목적이라 상품을 이해하기 쉬우며 은행의 예·적금보다 높은 공시이율과 공시이율이 하락하더라도 최저 보증이율이 적용되는 등 장기간 상대적으로 고액의 목적자금 마련에 유리하기 때문이다.

보험은 대부분 장기에 목적을 두고 상품을 만든다. 그러므로 결혼자금, 주택자금, 자녀교육비 등 인생의 커다란 이벤트를 위한 거액의 종자돈 마련에 적합하다.

저축과 보장을 하나에! 비과세는 덤

보험은 중도에 해지시 손해가 날 수 있는 단점이 있다는 것을 반드시 유념해야 한다. 보험상품은 보통 공시이율이라는 금리를 적용한다. 공시이율은 보험사에서 운용자산이익률, 국고채, 회사채 등 시중 실세금리 및 향후 예상수익 등을 고려해 결정하는데 보통 은행의 정기예금보다 1~2% 정도 높게 형성된다. 그런데 가입자가 납입한 보험료에 바로 이 공시이율이 적용되는 것이 아니라 납입한 보험료에서 수수료를 제외한 나머지 금액에 공시이율이 적용된다. 그리고 중도 해지시에는 보험사가 향후에 받을 수수료를 해지 시점에 차감하고 지급을 하기 때문에 아무리 보장이 적은 저축보험이라도 중도해지시 손실이 날 가능성이 높다.

하지만 중도해지시 손실이 발생할 수 있다는 단점이, 종자돈을 마련하는 상황에서는 장점이다. 중도해지시 손실이 나기 때문에 쉽게 해지를 하지 못하고 만기까지 가져가는 유인이 되기 때문이다.

은행의 예·적금보다 1~2% 정도 높은 공시이율을 적용하며, 저금리 시대에도 적게는 1.5%부터 많게는 2.1%의 최저 보증이율을 적용해주는 점은 저축보험만의 매력이다. 장기적으로 저금리가 유지되고, 투자위험을 선호하지 않는 경우라면 장기간 목적자금 마련 수단으로 추천한다.

저축보험은 사망보험금이 보험료의 3~5배 정도만 보장해주는 일반저축보험과, 계약으로 정한 금액을 모두 보장해주는 양로저축보험으로 구분된다. 예를 들어 매월 80만 원의 보험료를 10년간 납입하고 만기 1억 원의 저축보험에 가입한 후 1년 뒤 사고로 사망한 경우라면, 일반 저축보험의 경우 그동안 불입한 금액과 월 보험료의 3~5배 정도인 약 1,400만 원을 보험금으로 수령하게 된다.

이에 비해 양로보험은 사망시 만기보험금 1억 원을 사망보험금으로 지급받게 된다. 보험 만기까지 살아있어도 1억 원, 만기 전에 죽어도 1억 원의 보험금을 수령할 수 있기 때문에 생사혼합형 보험이라고도 한다.

양로보험은 보장기능이 더 강하기 때문에 이에 대한 수수료 부담도 커지게 되며, 일반 저축보험과 달리 중도인출이 불가능하므로 가입 목적에 더 적합한 상품을 비교해 결정하는 것이 좋다. 현재 매월 150만 원 한도로 연간 1,800만 원까지 10년 유지시에는 비과세 혜택을 받을 수 있다(일시납은 1억 원 한도).

⏳ 1분 금융 스터디

▶ 주머니를 불리는 저축보험 활용 Tip

1. 추가납입을 활용하라. 새로운 저축보험을 가입하는 것보다 기존 저축보험의 추가납입을 활용하면 수수료 부담이 낮아진다.
2. 납입기간은 단기로, 만기는 장기로 설정하라. 납입기간이 짧을수록 수수료 부담이 낮아진다.
3. 선납과 연납을 활용하라. 보험료를 미리 내기 때문에 추가수익이 발생되어 적립금이 증가하게 된다.

부족한 국민연금,
개인연금으로 보완하자

국민연금만으로 노후 준비가 끝?
개인연금 준비가 현명한 선택이다.

Q

국민연금으로는 노후 준비가 부족하다는데, 그렇다면 어떻게 얼마나 더 준비
해야 하나요?

노후 준비의 첫 걸음은 연금상품이다. '금융감독원 홈페이지 → 내 연금조회'
또는 은행의 노후설계 시스템을 통해 간단히 진단해볼 수 있다.

A

　직장생활을 하고 있는 정 대리는 시시때때로 등장하는 국민연금
의 연금 재원 고갈에 대해 매스컴에서 자주 접하게 되어 걱정이 이
만저만 아니다. 물론 퇴직까지는 아직 시간이 많이 남아 있다. 그러
나 직장생활을 계속 유지한다 해도 퇴직시기와 국민연금의 수령시

기 불일치로 추가 연금가입에 대해 진지하게 고민할 수밖에 없었다. 퇴직 후에도 문제다. 소득 없는 인생의 절반이 나를 맞이하고 있기 때문이다.

그래서 주거래 은행에 방문해 PB 팀장에게 상의했고, 노후 준비 부족분은 일부 연금보험 가입으로 보충해 조금은 노후에 대해 걱정을 덜 수 있게 되었다.

불확실한 노후를 개인연금으로 준비하자

저출산 고령화라는 시대적 배경에 아주 특별한 대책이 없는 한, 우리가 받을 수 있는 국민연금의 지급 감소는 불 보듯이 뻔한 상황에 놓여있다. 공적연금의 세대간 격차로 갈등의 불씨를 안고 있는 실정이다.

대한민국의 노인(65세 이상) 고용률은 31.3%, 빈곤율은 47.2%에 달한다. 노인의 1/3은 일을 하는데 그럼에도 빈곤율은 50%가까이나 된다는 이야기다.

그 이유는 어디에 있을까? 여러 이유가 있겠지만 급격한 경제 성장에 따라 그간 노후 준비에 신경 쓸 여유가 없었던 것이 아닐까 생각된다. 과거에는 자녀도 많고 소득도 낮아 먹고 사는 생활이 중요했지, 미래의 이야기인 노후 준비는 일부 소수 사람들의 이야기였을 것이고, 자녀들이 성장해 노부모를 부양하기 때문에 딱히 필요성을 크게 느끼지 못했던 것이다.

그런데 지금은 어떠한가? 자녀는 1~2명 정도에 이들이 자랄 때 들어가는 각종 비용(결혼, 내집 마련, 자녀 교육비)으로 본인들 앞가림도 어려운 상황이 되었다. 부모 부양은 이젠 남의 이야기처럼 되어가고 있는 현실이다. 이러한 상황을 열거하지 않아도 이미 노후 준비의 필요성에 대해서 다들 공감하고 있을 것이다

최근 '국민연금 재정추계 및 개선 방안'으로 인해 국민연금 제도에 대해 갑론을박과 함께 긍정적인 여론보다는 부정적인 여론이 훨씬 커졌다. 그도 그럴 것이 국민연금의 재정악화가 거론되며 '더 오래(60세 → 65세 납입), 더 많이 내고(9% → 13.5% 납입), 더 늦게 받기(65세 → 67세 수령)'가 주요 해결안으로 제시되었기 때문에 부정적인 여론이 더 커질 수밖에 없는 상황이다. 향후에도 유사한 내용이 계속 화두로 나오리라 생각된다.

일반인들의 라이프사이클 측면에서 보면, 50대 초중반에 퇴직해서 국민연금을 수령하게 되는 65세까지 5~10년의 소득 공백기간이 큰 걱정거리다. 납입기간을 연장하고, 받는 시점도 늦어지고, 받는 금액도 불확실해지는 상황에서 국민연금 자체에 불신감이 생기고 심리가 불안해지는 것은 당연한 이치라고 생각된다.

그렇다고 강제 가입에 준조세 성격이 있는 국민연금은 가입에 대한 선택권이 없기 때문에 불만이 있다고 하더라도 자신이 직접 임의적으로 해결할 방법도 없어서 사적연금인 개인연금과 비교해 장단점을 논하는 것은 별로 의미가 없다. 오히려 불확실성에 대한 불만

을 해소하기 위해 다른 해결 방안을 찾아봐야 한다

국민연금 등에 대한 불안함으로 인해 자신의 노후를 위해 무언가 준비해야겠다는 생각이 들 때가 많을 것이다. 부동산 임대소득이 좋다고 하지만 일반인들에게는 그만한 투자 재산도 없고, 세금문제와 임차인과의 복잡한 권리관계가 쉽지 않기 때문에 개인연금에 대한 준비가 꼭 필요하다. 그래서인지 나이가 들수록 '조금 더 일찍, 조금씩이라도 더 많이 개인연금을 준비했더라면' 하는 후회를 하는 경우도 많다.

개인연금보험 중 어떤 것을 선택할까?

개인연금보험은 크게 연금저축보험, 연금보험, 변액연금보험의 3종류가 있다. 연금저축보험은 공시이율이 적용되는 상품으로 납입금액 중 연간 400만 원을 한도로 최대 16.5%의 세액공제를 적용받을 수 있는 세제적격상품이다. 55세 이후 5년 이상 연금으로 수령해야 5.5%의 낮은 세율이 적용되며, 연금이 아닌 일시금이나 중도해지로 수령하면 16.5%의 세금이 환수된다.

연금보험도 공시이율이 적용되는 상품이지만 연금저축보험 같은 세액공제 혜택은 없고, 10년 이상 계약 유지시 이자소득에 대해 비과세를 받을 수 있다. 납입액에 대한 세제 혜택이 없기 때문에 중도해지시 추가적인 세금 부담은 없다.

변액연금보험은 공시이율이 아닌 투자수익에 따라 수령액이 변동

242

되는 상품이다. 최저보증기능이 있는 경우에는 최소한의 수익을 보장받을 수 있다. 연금보험처럼 10년 이상 계약 유지시 이자소득세 비과세가 가능하다.

일반적으로 소득이 많지 않은 직장인의 경우에는 연말정산시 세액공제를 받을 수 있는 연금저축보험, 연금 준비를 늦게 시작했거나 안전을 우선시하는 성향인 경우라면 공시이율의 연금보험이 적합하다. 젊고 적극적인 투자성향을 가진 경우라면 장기로 높은 수익률을 얻을 수 있는 변액연금보험을 추천한다.

한 살이라도 젊을 때 노후 준비를 시작하라

돈 없는 노후는 어떨까? 행복할까? 준비한 자는 여유롭게 여행을 다닐 수 있을 것이고, 아니면 그 반대일 것이다. 연금보험으로 노후의 이러한 고민을 조금이나마 덜어보자.

우선 연금보험에 가입시 반드시 고려해야 할 사항부터 따져보자. 첫째는 배우자를 포함한 은퇴 후의 생활비를 계산해봐야 한다. 둘째는 국민연금 예상 수령액을 확인해본다. 셋째는 직장인의 경우 퇴직연금이 얼마인지도 확인한다. 마지막으로 여행비, 병원비, 자녀결혼비용 등 기타 필요비용도 추산해봐야 한다.

연금보험은 경제활동기에 은퇴 후 생활자금을 준비하기 위한 보험으로 경제 활동기에는 사망이나 상해 위험 등을 보장받고, 은퇴 이후에는 연금을 지급받을 수 있다. 10년 이상 유지시 일정한도 내에서 보험차익 비과세 혜택도 받을 수 있고, 연금수령 기간을 사망할 때까지인 종신형으로 선택할 수도 있다.

연금 가입은 빠를수록 좋다는 점도 알아둘 필요가 있다. 그 이유는 첫째, 연복리를 활용해 연금액을 극대화할 수 있기 때문이다. 복리는 이자의 이자가 붙은 방식이다. 일찍 가입해 장기간 유지시 복리의 효과를 제대로 활용할 수 있다.

둘째, 가입 시점의 경험생명표를 적용받을 수 있기 때문이다. 특정 연령에 도달한 사람이 그 이후 몇 년 동안이나 생존할 수 있는가를 계산한 평균 생존년수인 기대여명은 세월이 흐를수록 증가하므로 연금수령 기간이 늘어나면 연금수령액이 줄어들거나, 납부해야 하는 보험료가 늘어나게 된다. 그러므로 기대여명이 늘어나기 전의 경험생명표가 적용되는 것이 유리하다.

⏳ **1분 금융 스터디**

▶ 경험생명표

보험개발원이 보험가입자들의 사망확률과 잔여수명 등을 작성한 것으로, 보험료 산정의 기준으로 사용되고 있다. 계속해서 평균수명이 길어지고 있어 새로운 경험생명표 발표 후 가입하는 종신형 연금보험의 경우 보험료가 증가하거나 연금수령액이 작아질 가능성이 높게 된다. 현재 제8회 경험생명표가 적용되고 있으며, 2019년 초 제9회 경험생명표가 새롭게 발표될 예정이다.

연금보험과
연금저축보험이란 무엇인가?

직장인이라면 세액공제되는 연금저축보험!
세액공제가 필요없다면 비과세되는 연금보험!

연금 준비도 조금씩 하면서 직장인으로 혜택이 있는 상품을 가입하고 싶은데,
구체적으로 어떤 상품에 가입해야 할지 고민입니다.

비과세가 가능한 연금상품과 세액공제가 가능한 연금저축보험상품이 있습
니다.

입사한 지 얼마 되지 않은 민 대리는 연말이 되면서 각종 세금을
돌려받는 상품들에 대해 관심이 많아졌다. 왜냐하면 작년에 낸 세금
을 돌려 받기는커녕 돈을 더 내야만 했기 때문이다. 다른 직원들은
적게는 몇 십만 원에서 많게는 월급만큼 받아가기도 했는데 자신은

오히려 더 내야 했던 것이다.

100세 시대를 넘어 이제는 어느덧 120세 시대라고 이야기한다. 민 대리는 조금씩 연금 상품에도 가입을 해야 할 것 같아서 세액공제가 가능하고 노후연금 수령도 가능한 연금저축보험에 가입했다. 그러자 '이제 나도 연말에 세금을 돌려받겠구나' 하는 마음에 한결 마음이 좋아졌다.

'연금보험'과 '연금저축보험'은 중간에 '저축' 글자만 다르지 똑같이 노후 준비를 할 수 있는 연금 상품들이다. 다만 '저축' 글자가 없는 연금보험이 연금 위주의 상품이라면, '저축' 글자가 있는 연금저축보험은 세액공제가 되는 상품이라고 보면 된다. 한편 세액공제 여부에 따라 '세제 적격 상품'과 '세제 비적격 상품'으로 크게 구분하기도 한다.

연말 세액공제가 필요한 사람에게는 연금저축보험이 우선순위일 것이다. 그러나 세액공제가 필요하지 않는 경우에는 비과세가 가능한 연금보험이 유리하다.

연금보험은 연 1,800만 원 이내로 불입을 하고 10년 이상 계약 유지시 보험차익에 대해 비과세 혜택을 받을 수 있다. 연금저축보험과 다르게 연금 수령시에도 연금소득세를 내지 않으며, 중도해지시에도 기타소득세가 과세되지 않는다.

비과세는 연금보험, 세액공제는 연금저축보험

연금저축보험은 직장인들에게 연말에 세금을 돌려받는 상품 중에서는 단연 으뜸이다. 세액공제 혜택을 받으려면 다음의 조건들을 충족해야 한다.

첫째, 세액공제를 받기 위해서는 5년 이상 불입해야 하고, 세액공제 한도는 연간 400만 원이다. 매월 34만 원 정도 납입하면 최대 한도만큼 세액공제를 받을 수 있다. 연소득이 5,500만 원 이하인 직장인은 16.5%의 세금 감면 효과(연소득 5,500만 원 초과 직장인은 13.2%)가 있다. 400만 원을 납부했다고 가정했을 때 66만 원이다.

이는 어떤 금융상품보다도 뛰어난 환급률이다. 4/4분기면 어김없이 금융권에서 고객들에게 '13번째 월급'이라는 말로 상품 권유가 이루어지고 있는 이유가 바로 여기에 있다.

다만 유의해야 할 사항도 있다. 연금으로 수령하지 않고 일시 해지할 경우, 세액공제 받은 금액과 운용수익 전체에 대해서 16.5%의 높은 기타소득세가 부과된다는 점이다.

둘째, 55세부터 연금 수령이 가능하고 10년 이상을 연금으로 수령해야 한다. 연금 수령시에는 연금 소득세 3.3~5.5%가 과세된다.

연금 수령은 다른 연금저축(연금저축펀드)과 다르게 종신까지 수령할 수 있어서 선택의 폭이 보다 넓다. 보통 55세에 퇴직하는데 국민연금 수령 나이인 65세까지 소득의 공백이 생긴다. 이 시기에 소득보전 차원에서 수령을 해도 좋고, 120세 시대를 맞아 오래 산다면 종신까지 수령하는 방법이 어떤 재테크보다도 좋다. 다만 대부분 세액공제용으로 가입을 하기 때문에 금액이 많지 않은 경우 확정형으로 10년, 15년, 20년 받는 것도 고려해볼 만하다.

최근에는 비대면(인터넷)상품들이 출시되고 있어 수수료(사업비)가 저렴해지고 이에 따라 연금액도 높아지는 상황이다. 그러므로 젊은 직장인들에게 인기가 높아 많이 가입하고 있는 추세다.

| 연금보험 vs. 연금저축보험

구분	연금보험	연금저축보험
특징	이자소득세 비과세 주로 국민연금 부족분으로 활용	세액공제상품 주로 세금환급용으로 활용
연금수령시 세금	비과세	3.3~5.5%(연령별 차등)
연금수령 방법	상속형 / 확정형 / 종신형	확정형 / 종신형
연금 개시 나이	45세	55세
중도인출(적립식)	해지환급금의 50~60%	불가
세금 종류	• 이자소득세 　– 10년 이내 해지시 15.4%(이자만) 　– 10년 이상 유지시 비과세 • 비과세 규정(3개 중 1개 해당시) 　– 소득세법 시행령 제16조, 25조 　① 종신형 연금 수령 　　(만 55세 이상, 연금만 가능, 기대여명 내, 계약자/피보험자/수익자 동일) 　② 5년납 이상 10년 유지 　③ 1억 원 이하 10년 유지시 • 금융소득종합과세 제외 　(비과세 해당시)	• 연말정산(세액공제) 　– 연 5,500만 원 　자영업자 4천만 원↑ 　13.2%(528,000원) 　– 연 5,500만 원 　자영업자 4천만 원↓ 　16.5%(660,000원) • 기타소득세(원리금) 　– 중도해지 시 16.5% • 연금소득세 (납세 후 연말정산 신고) 　– 55세 이후 5%(종신형 4%) 　70세 이후 4% 　80세 이후 3% 　– 연 1,200만 원 이하 수령시 　분리과세

보험, 깰 것인가 말 것인가?
그것이 문제로다

급하다 급해! 보험을 깨야 하나?
보험은 중간에 해약하면 손해라고 하는데….

전세자금을 올려달라고 하는데 어쩌나요? 신용대출도 다 받았고, 이제 남아
있는 건 보험뿐입니다.

보험을 해약하지 않고도 자금을 사용할 수 있는 방법이 있습니다. 중도인출이
나 보험계약대출을 이용하시면 됩니다.

이 과장은 집주인이 급작스럽게 전세자금 인상을 요청해 곤경에
빠졌다. 지난번에도 신용대출을 받아 올려줬는데, 또 다시 전세자금
을 올려 달라고 하니 어찌해야 할지 난감하기만 하다.

몇 개월 후면 성과급을 받아 일정부분 충당이 가능할 것 같은

데, 당장 자금을 융통할 곳도 없어 어쩔 수 없이 예전부터 꾸준히 불입했던 저축보험을 손해를 보더라도 해지해야 하는지 고민하게 되었다. 하지만 보험 담당자에게 문의해보니 중도해지를 하지 않고, 중도인출이나 보험계약 대출(구, 약관대출)을 받아 사용할 수 있다고 해서 놀란 가슴을 진정시킬 수 있었다.

중도인출과 보험계약대출의 차이

보험상품은 자금의 유연성을 위해 급한 자금 필요시 중도인출이나 보험계약대출이라는 제도를 시행하고 있다. 2가지 방법 모두 적립금을 담보로 자금을 활용한다는 점은 같다. 다만 중도인출은 납입되어있는 적립금에서 직접 인출해 활용하기 때문에 기존적립금에 직접적인 영향을 미칠 수 있다.

예를 들어 저축보험 적립금이 1천만 원이라고 하고 중도인출을 600만 원을 받았다고 하면, 나머지 400만 원에 대해서만 공시 이율로 금리가 적용되는 것이다. 보험을 중도에 해지했을 때 받을 수 있는 해지환급금의 50~90% 정도까지 이용할 수 있고, 대부분의 회사들이 수수료를 받지 않거나 약간의 수수료만 받는 것이 일반적이다.

반면에 보험계약대출은 자신이 납입한 적립금을 담보로 일정부분의 가산금리를 더해 대출을 받는다고 생각하면 된다. 예를 들어 주

250

택담보대출을 받으면 주택을 담보로 제공만 하는 것이지 그 집에서 생활하는 것은 전혀 영향을 받지 않는 것처럼 보험도 기존 적립금 운용에는 영향을 미치지 않는다. 보험계약대출은 대출금리가 높지 않아 쉽게 이용할 수 있다.

하지만 보험사에서 쓰는 금리(공시이율)보다 1.5~2.5% 더 높게 대출금리를 받기 때문에 장기간 사용하기에는 적절하지 않다. 자신이 받는 이자보다 주는 이자가 높은데 장기간 사용하면 배보다 배꼽이 더 큰 경우가 발생하기 때문에 효율적이지 않은 것이다. 이런 경우라면 중도인출을 이용해서 적립이자를 안 받고 대출이자를 안주는 편이 훨씬 효율적이다.

갱신형과 비갱신형,
무엇이 더 좋은가?

보험료가 변동되는 갱신형,
보험료가 고정되는 비갱신형의 차이를 알자.

암보험에 가입하려고 상담을 받으니 갱신형과 비갱신형, 이렇게 2가지를 추천
받았습니다. 어떤 것이 좋을지 판단하기 어려운데 어떻게 할까요?

현재까진 보험료가 오르지 않는 비갱신형 상품이 더 유리할 것 같습니다.

이 과장은 최근 암보험을 가입하기 위해 아는 지인을 통해 상품을
알아보았다. 아버지와 할아버지 모두 암으로 돌아가셔서 암보험에
대한 가족력이 있다고 판단했기 때문이다.

동일한 내용으로 갱신형과 비갱신형이 있다는데, 보험료가 더 싼
갱신형이 좋아보였다. 갱신형과 비갱신형 중에서 어떤 것을 선택하

는 것이 유리한 것인지 궁금하다.

갱신형 보험은 당장은 보험료가 비갱신형보다 저렴하다. 처음에는 보험료가 저렴하다가 정해진 기간 이후 비싸지는 형태의 보험이다.

문제는 얼마나 보험료가 오르는지다. 젊을 때는 위험률이 낮아서 인상률이 낮겠지만 나이가 들면서 위험률은 높아지기 마련이고 암 발병률도 과거에 비해 높아지고 있어 보험료가 얼마나 오를지는 상상하기 어렵다. 단지 암보험만이 아니라 실손 의료보험이나 다른 보험들도 마찬가지다.

갱신형 보험은 비추!

비갱신형은 당장은 비싸지만 보험료 변동이 없는 형태의 보험이다. 보험료의 변동이 없다면 그 이유가 무엇일까? 그것은 보장 기간 동안의 평균 위험률을 가지고 보험료를 산출하기 때문이다.

얼핏 보면 갱신형이나 비갱신형이나 차이가 없어 보일 수 있다. 저렴하게 내다가 점점 비싸지는 갱신형이지만 평균적으로는 계속 같은 금액을 내는 것이다. 하지만 갱신형은 앞서 이야기했듯이 보험료 인상률이 얼마일지 확실하지 않기 때문에 불안하다. 보험사가 손해율이 높아지면 응당 보험료를 그에 맞춰 올리기 때문에 생각지도 못하게 보험료가 올라갈 수 있기 때문이다. 반면 비갱신형의 경우는 당장은 보험료가 비싸 보이지만 암보험의 예를 들어도 위험률이 증가하는 경우라면 보험료 갱신이 없는 비갱신형이 훨씬 유리하다.

| 생명보험상품 요약

구분	핵심내용
종신보험 정기보험	• 사망 등 보장. 유사시 가족의 생활을 책임지고 필요시 연금전환가능 • 정기보험 보험료가 저렴함 • 젊을 때(신혼 가정 등) 가입이 보다 필요함
변액보험	• 저위험 중수익을 감안한 장기 목돈마련에 적합 • 한 가지 상품으로 다양한 펀드 구성 가능 • 원금 한도내에서 자유로운 입·출금 가능 • 비과세(요건 충족시), 과세이연 등 가능
저축보험	• 장기로 손실 없이 안정적인 목돈 마련에 적합(단기 손실 가능) • 은행의 정기예금/정기적금과 유사함 • 높은 공시이율 및 최저 이율 보장 • 비과세 가능(요건 충족시)
연금보험	• 공적연금 납입기간은 늘고 수령액은 줄어 사적 연금 준비 필요 • 개인연금으로 고령화 및 안정적 노후 생활 대비 • 일찍 가입할수록 유리(연복리 효과) • 인플레이션 헷지를 위해서는 펀드로 운용하는 변액연금 인기 • 비과세(요건 충족시), 과세이연 등 가능
연금저축보험	• 직장인이 세금 돌려 받기 위한 필수 상품. 연말정산 '세액공제' 상품 • 55세부터 연금 수령 가능하고 10년 이상을 연금으로 수령

보험상품에 관해 많은 이들이 오해하는 것이 있다.
바로 손해를 입기 쉬운 상품이라는 것이다.
보장이 많다 보니 중도에 또는 만기에 해지를 해도
원금 이하로 나오기가 일쑤기 때문이다.

대부분의 사람들은 전기세나 수도세를 납부하는 것에 대해 크게 예민하지 않다. 생활에 필요한 부분이기 때문에 납부 자체를 당연시해서일 것이다. 손해보험도 세금과 비슷하다. 평생 아프지 않는 사람이 있을까? 나이 들지 않고 병원에도 가지 않을 수 있다면 좋겠지만 그럴 수 없는 현실이다. 과다하지 않으나 적절한 선택으로 우리를 둘러싸고 있는 수많은 '혹시 모를 위험들'에 대비해야 한다. 누군가 갑자기 큰일을 당했을 때 주변 사람들이 흔히 하는 말처럼 말이다. "그런데 보험은 들었대?

인생의 위험은
손해보험상품으로 대비한다

자동차보험,
운전자라면 꼭 가입해야 한다

자동차보험은 타인을 위한 보험이고,
운전자보험은 나를 위한 보험이다.

신차를 구입해 운전이 처음인데 어떤 보험에 가입해야 하나요? 자동차보험만
가입하면 되나요?

의무적으로 가입해야 하는 자동차보험과 추가로 가입하는 운전자보험이 있습
니다.

    사회초년생인 이 대리는 연애도 해야 하고 기동력도 있어야 할 것
같아 큰 마음을 먹고 자동차를 구입하게 되었다. 그러나 신차 구입
이 전부가 아니었다. 의무적으로 자동차보험에 가입해야 했고, 자동
차보험에서 보장되지 않는 사항을 추가 보장해주는 운전자보험도

고민 끝에 가입하게 되었다. 초보라서 운전이 서툰데 혹시 모를 사고 때문에 불안한 마음으로 운전하기 싫어서였다.

- 책임보험 + 임의보험 = 종합보험
- 종합보험 + 운전자보험 = Perfect!

자동차보험은 자동차를 운전함에 있어서 발생하는 사고에 대해 보상해주는 보험으로 대인(사람이 다쳤을 경우) 및 대물(차량이나 물건이 파손되었을 경우) 사고에 대한 배상을 해준다. 대인배상1, 대인배상2, 대물배상, 자기신체사고, 자기차량손해, 무보험자동차상해의 6가지 담보종목과 특별약관으로 구성되어 있다.

의무적으로 가입해야 하는 책임보험

책임보험은 자동차를 소유한 사람은 반드시 가입해야 하는 의무보험이며, 타인을 다치게 하거나 사망하게 했을 경우 손해를 담보하는 대인배상1과, 타인의 재물에 대한 손해 중 2천만 원까지를 담보하는 대물보상으로 구성되어 있다.

종합보험은 책임보험으로 부족한 손해를 배상하는 내용이 포함되는데, 일정요건의 책임보험에 가입한 경우에는 12대 중과실 사고를 제외하면 교통사고 가해자라 해도 형사처벌의 예외 대상이 될 수 있다.

종합보험의 내용에는 책임보험의 대인배상1로 부족한 초과분을 보상해주는 대인배상2와 자기신체사고 담보, 자기차량손해 담보, 가입자가 무보험차상해 담보 등의 내용이 포함된다.

자동차보험은 민사상 책임부분에 대한 보상을 해주지만, 운전자보험은 형사상 책임부분에 대한 보상을 책임져준다고 보면 된다.

운전자보험의 주요 보상 항목은 교통사고처리 지원금, 벌금/방어비용, 교통사고·사망 보험금, 교통사고 치료비다. 상대방과의 형사합의금, 중상해 치료비, 변호사비용, 각종 벌금 등이 여기에 해당된다고 보면 된다. 운전자보험은 12대 중과실 사고의 벌금이나 형사합의금은 보상지원을 해주지만 뺑소니, 무면허, 음주운전 등의 운전자 과실에 대해서는 보상지원을 해주지 않는다.

보험료 절감 방법은?

먼저 자동차보험 비교 시스템을 활용해 여러 보험사의 보험상품을 비교해보고 선택하는 것이 유리하다. 비교 방법은 어렵지 않다. 손해보험협회 홈페이지에 접속해 자동차보험 비교공시를 통해 쉽게 확인해볼 수 있다.

설계사를 통한 가입보다 인터넷이나 모바일 앱을 통해 가입할 수 있는 다이렉트보험이 보험료 면에서 유리하다. 물론 다이렉트보험도 꼼꼼히 비교해보고 가입해야 한다.

또한 각종 할인 특약도 놓치면 손해다. 보험사마다 특화된 할인 특약을 내놓기도 한다. 가입 당시에는 조건을 충족하지 못하더라도 보험 가입 후 일정기한 내 요건을 충족하면 가능한 경우도 있으니 꼼꼼히 챙겨두면 좋다. 보험사상품에 따라 T맵 등 어플에서 제휴보험사 상품 가입시 상품권 등을 지급받을 수 있는 경우도 있고, 할인 구입 가능한 문화상품권으로 보험료를 결제할 수 있는 경우도 있어 관심을 가져볼 만하다.

| 보험료 할인 특약 종류

구분	내용
블랙박스 할인	• 사고시 증거 및 신속한 처리가 가능하기 때문에 보험사 추천항목(최대 7% 할인)
운전자 범위 한정	• 본인 한정, 부부한정 등 운전자 범위가 좁을수록 사고 위험이 준다.
무사고 할인	• 무사고 기록이 쌓일수록 할인율이 높아진다.
주행거리 특약	• 주행거리가 짧을수록 사고 위험이 낮아지기 때문에 할인 가능(보통 1만 km 이내)
대중교통 이용 할인	• 3개월간 대중교통 이용금액 6만 원 이상 사용시 할인(최대 8% 할인)
안전운전 특약	• 주행거리 500km 이상의 데이터를 가지고 운행기록(급정거, 급가속, 제한 속도 준수) 등으로 평가(최대 10% 절약 가능)
첨단안전장치 특약	• 전방충돌, 차선이탈 경고 장치 등이 장착되어 있다면 사고 확률이 낮아지기 때문에 할인 가능
기타 특약	• 승용차 요일제 특약, 6세 미만 자녀 할인, T맵 안전운전 할인 특약 등이 있다.

운전자보험에 효율적으로 가입하려면?

첫째, 소멸성으로 저렴하게 가입한다. 똑같은 보장을 받으면서 월 1~2만 원 내외로 가입할 수 있기 때문이다. 자동차보험료가 부담되기 때문에 추가 보완적인 운전자보험은 부담이 덜한 소멸성을 추천한다. 운전자보험의 최소한의 기본사항만 보장하는 상품 중 월 1,600원 상당의 운전자보험도 있다.

둘째, 단기로 가입하자. 운전자보험은 나이가 들수록 보험료가 오르는 다른 보험들과 달리 일반적으로 나이와 상관없이 보험료가 같다.

셋째, 실손 의료보험 가입시 운전자보험 특약을 추가하고, 실손 의료보험 기가입자는 보험 회사 콜센터를 통해 운전자보험 특약을 신청하면 운전자보험만 별도로 가입하는 것보다 저렴하게 할 수 있다. 실손 의료보험이 없는 경우 실손 의료보험 가입시 운전자보험 특약을 추가로 넣는 방법도 생각해볼 수 있다.

⏳ 1분 금융 스터디

▶ 12대 중과실 사고

① 신호 및 지시위반 ② 중앙선 침범, 불법 U턴 ③ 속도 위반 ④ 앞지르기 및 끼어들기 위반 ⑤ (철길) 건널목 통행법 위반 ⑥ 횡단보도 보행자 보호 위반 ⑦ 무면허 운전 ⑧ 음주운전 및 약물중독 운전 ⑨ 보도 침범 및 보도 횡단 방법 위반 ⑩ 승객 추락방지 의무 위반 ⑪ 어린이 보호구역 내 어린이 보호의무 위반 ⑫ 화물 고정조치 위반

자녀보험과 상해보험으로
일상의 위험에 대비한다

나와 가족을 곤란하게 할 수 있는 일상생활의 위험을
불안해하지 말고 보험으로 미리 대비하자.

보험이라 하면 연금보험과 암보험상품만 알고 있는데, 일생생활중에 다쳤을
때를 대비한 보험도 있나요?

예측할 수 없는 급격하고 외래적인 사고에 대비하는 보험은 상해보험 등 손해
보험상품으로 준비하면 됩니다.

A

40대 직장인인 민 과장은 작년 결혼에 성공했고 올해 초 첫 아이
를 갖게 되었다. 결혼이 늦은 편이라 임신이 힘들지 않을까 걱정했
지만 다행히 빨리 임신이 돼 기쁜 한편으로 직장동료가 자녀의 질병
으로 인해 겪고 있는 어려움 등이 떠오르며 머리가 복잡해졌다. 가

장으로서 어깨가 무거워져 다칠 위험이 있는 축구 동호회 활동을 그만둘까도 생각중이다.

젊었을 때는 보험의 필요성을 크게 느끼기 어렵고, 또 가입했다 하더라도 연금보험 또는 암보험에 가입만으로도 모든 질병을 다 보장받을 수 있을 것으로 생각한다. 그러나 사고로 인해 큰 병원비가 발생했을 때 가입한 보험을 찾아보면 보장이 전혀 없어 불만을 토로하는 경우를 많이 볼 수 있다.

인생에서 발생되는 예기치 못한 큰 위험을 대비하기 위한 보험이 바로 손해보험상품이다. 잘 찾아보면 저렴한 보험료로 가입할 수 있는 상품들이 많이 출시되어 있다.

태아보험과 상해보험

먼저 자녀보험을 살펴보면, 크게 출생 전후로 태아보험과 어린이보험으로 나누어지는데 일반적으로 어린이보험에 태아형을 추가하여 판매하고 있다.

태아보험은 출산 직후 자녀에게 발생할 수 있는 선천성 질환, 신생아 관련 질병, 인큐베이터 입원비용 등을 보장하고, 장기적으로는 자녀의 암, 질병 및 재해사고 등의 위험대비를 가능하게 해주는 보험이다.

자녀가 100세가 될 때까지 보장이 가능한 상품들이 많이 출시되어 있다. 하지만 그런 상품들은 보험료가 조금 비싸기 때문에 일정 기간(정기) 동안 보장해주는 상품에 가입한다면 저렴한 보험료로도 가입할 수 있다.

예상치 못한 사고로 인한 장애나 부상을 보장해주는 상해보험도 있다. 저렴한 보험료로 큰 보장을 얻을 수 있는 특징이 있고, 저축기능이 추가되어 만기 때 일정 금액을 지급하는 형태의 상품으로도 개발되어 있다.

상해보험은 신체 내부의 질병을 보장해주는 건강보험과 달리 '급격하고도 우연한 외래의 사고'를 보장하는 보험이다. 대표적인 상해보험으로는 일반 상해, 교통 상해, 여행자 상해보험 등을 예로 들 수 있다.

일반 상해보험은 일상생활에서 상해를 입었을 때 보험금을 지급하는 보험이다. 교통 상해보험은 자동차, 기차 등을 타고 있거나 승·하차시 교통사고로 생긴 손해를 보상한다. 여행자 상해보험은 국내 또는 국외로 나누어져 있는 형태로 개발되어있기 때문에 잘 살펴보고 가입해야 한다.

상해보험 가입시에는 면책사유에 대해 꼭 인지한 후에 가입해야 한다. 일반적으로 고의, 피보험자의 임신·출산, 전쟁 등에 의한 상해는 면책사유이다. 전문 등반, 스쿠버 다이빙 등 위험한 운동은 면책사유이기는 하지만 특약으로 가입이 가능한 경우도 있기 때문에 참고하면 좋다.

꼼꼼하게 따져봐야 할 항목들

보험상품은 여러 종류가 있고 판매하는 곳도 많기 때문에 꼼꼼히 비교해보고 가입하는 것이 좋다. 올바른 선택을 위해 반드시 체크해 볼 사항은 다음과 같다.

첫째, 예정이율을 잘 따져보고 보험에 가입해야 한다. 같은 보장을 하는 상품이라도 적용하는 이율에 따라 보험료에 영향이 있기 때문에 같은 상품이라도 예정이율이 높은 상품일수록 보험료가 저렴하기 마련이다.

둘째, 갱신형인지 비갱신형인지를 잘 따져보고 가입해야 한다. 일반적으로 최초 가입시에는 갱신형 상품이 보험료가 저렴하지만, 추가 갱신시에는 보험료가 인상되는 경우가 발생할 수 있다. 특히 보험기간중 보험사고로 인해 보험금을 지급받은 경우 갱신 자체가 거절될 수도 있기 때문에 필요한 시기에 보험을 가입하지 못할 수도 있다.

이에 비해 비갱신형 상품은 보험료는 갱신형 대비 다소 높은 편이다. 하지만 유지만 잘 하면 최초 가입한 보험으로 100세 또는 종신까지 보장받을 수 있고, 보험 가입기간내에 보험사고 발생시 '납입면제'의 혜택을 받을 수 있는 상품이 있기 때문에 비갱신형이 이러한 측면에서 유리하다고 할 수 있다.

셋째, 여행자보험은 인터넷 또는 스마트폰으로 가입하자. 여행자보험은 짧은 여행 기간 동안 발생할 수 있는 위험을 대비하기 위해 가입하는 상품이라 여행사에서 대리 판매하는 경우가 간혹 있지만, 인터넷이나 스마트폰으로 가입하는 것이 간편하고, 보험료 또한 저렴하기 때문에 이런 방법을 활용해 가입한다면 본인에게 이득이 될 것이다.

> ⧖ **1분 금융 스터디**
>
> ▶ 보장성 보험 세액공제
>
> 손해보험 납입액은 연말정산시 보장성보험으로 세액공제가 가능하다. 연간 불입 보험료 100만 원 한도 내에서 13.2%(지방소득세 포함) 세액공제가 가능하고, 맞벌이 부부인 경우 근로소득자 본인(계약자 및 피보험자인 경우)만 세액공제가 가능하기 때문에 유의해서 신청해야 한다.

아프니까 노년이다.
노후에 꼭 필요한 의료비보험

구구팔팔이삼사를 꿈꾸지만 현실은 골골팔십이다.
치료비를 대비한 보험이 없으면 마음까지 아프게 된다.

병원비 혜택이 있는 보험에 가입하려고 하는데 어떤 상품에 가입해야 할까요?

기존 가입 유무를 확인 후 실손 의료보험과 건강보험에 가입하시면 됩니다.

자기 사업을 하는 40대 민 사장은 최근 암이나 뇌출혈 등으로 병원 신세를 지는 지인들의 이야기를 종종 접하곤 한다. 지인 중 한 명은 살림이 넉넉치 않은데 병원 신세를 지게 되니 당장의 월급도 끊기고 병원비까지 가중되는 안타까운 상황이 되어버린 것이다.

민 사장도 형편이 그리 넉넉치 않은 상황이고, 할아버지 및 아버지가 암으로 돌아가셔서 가족력이 있기 때문에 안심할 수 없는 상황이다. 그래서 그는 병원비가 많이 들어가는 질병에 대한 보장의 필요성을 인식하고, 실손 의료보험 및 건강보험에 가입했다.

똑똑한 놈 하나만 필요한 실손 의료보험

'구구팔팔이삼사'는 99세까지 팔팔하게 살다가 이틀 앓고 3일째에 사망하면 좋겠다는 바람을 담은 표현이고, '골골팔십'은 골골 아프면서도 수시로 병원을 찾게 되어 오히려 장수를 누린다는 뜻으로 현실을 반영한다.

이런 현실을 고려해보면 실손 의료보험 준비가 먼저 필요하고, 후순위로 암보험과 건강보험을 준비하는 것이 좋다. 보험은 확률에 우선해서 효율적으로 가입해야 한다. 살면서 아프거나 병들어 병원에 가지 않는 사람은 없으니 관련 상품이 1, 2순위를 차지할 수밖에 없다.

실손 의료보험은 병원에서 치료를 받고 국민건강보험으로 보장받을 수 없는 실제 내가 지불한 본인 부담금을 지원해주는 보험이다. 민영의료보험, 의료실비보험, 실손보험으로 부르기도 한다.

건강보험은 질병이 확인되었을 때 진단자금 등을 정액으로 지급해주는 보험이다. 실손 의료보험은 여러 보험사에서 중복 가입이 되어 있어도 실제 지불한 병원비 이상은 주지 않는다. '이득 금지 원칙'에 의해서 중복보상이 불가능하다. 즉 2개 보험사에 가입되어 있어도 2배로 지급하지 않는다는 말이다. 예를 들어 내가 실제 지불한 병원비가 10만 원이라고 하면, 그 이상은 실손 의료보험에서 보험금으로 지원해주지 않는다는 것이다(최근에는 본인 부담금의 90%만 보상 지원).

2개 보험사에 가입이 되어있으면 보험사별 5만 원씩 비례 보상을 지급한다. 중복 보상이 불가능하기 때문에 여러 보험사에 가입할 필요가 없다. 똑똑한 1개 보험사만 선택해 가입하면 되는 것이다.

다니는 직장에서 단체 보험으로 가입한 것이 있다면, 굳이 별도로 가입할 필요가 없다고 생각할 수도 있다. 그러나 요즘은 평생 직장이 없기 때문에 퇴직연령을 감안해 적정 시기에 가입해야 한다. 나이가 많아질수록 보험료가 올라간다는 것, 한 번 아프면 보험료도 올라가고 가입도 어렵다는 것도 명심해야 할 부분이다. 보험료가 비싸지 않기 때문에 조기에 가입해두는 것이 좋다.

여러 개를 가입해도 중복 보장되는 암·건강보험

실손 의료보험은 병원비 지출에 대한 기본적인 혜택을 누릴 수 있지만 장기 병원치료에 대한 대안은 될 수 없다. 암이나 주요질환은 장기 치료를 요하는 경우가 대부분이다.

이러한 경우 소득문제로 인한 경제 생활 위축, 장기 간병으로 인

해 들어가는 추가비용, 고가의 치료기를 통한 비용 등으로 그 금액
은 커질 수밖에 없다. 그 대안은 암·건강보험이다. 암·건강보험은 정
액으로 중복 보상이 가능하다.

예를 들어 암 진단자금 3천만 원씩 4개 회사에 중복 가입이 되어
있으면 암진단시 1억 2천만 원의 진단자금을 일시에 받을 수 있다.
지인 중에 치료비가 없어 살던 집을 전세로, 전세에서 다시 월세로
가는 가슴 아픈 상황도 보았다. 반대로 여러 보험사에 암보험을 가
입하고 있던 중에 생명에는 크게 영향을 끼치지 않는 암진단을 받은
후 중복 보상이 가능했기 때문에 억 단위가 넘는 진단금을 받아 암
테크를 한 웃지 못할 에피소드도 있다.

⧖ 1분 금융 스터디

▶ 내 보험 찾아주기(cont.insure.or.kr)

2017년 12월 생명보험협회와 화재보험협회가 개설한 사이트로 가입한 보험 목
록과 미청구 보험금 내역을 확인해볼 수 있다. 사이트에 접속한 후 이름, 전화번
호, 주민등록번호를 입력하고 본인인증 절차를 거치면, 자신이 가입한 보험계약
내역과 보험 회사, 미청구 보험금 등을 실시간으로 조회할 수 있으므로 중복 가
입 여부를 확인해볼 수 있다.

100세 시대,
보험으로 장기 간병을 준비하자

"긴 병에 효자 없다"는 옛말도 있지만,
간병보험이 있다면 상황이 달라질 수 있다.

치매 등으로 장기 간병상태에 놓이게 되면 간병비가 상당한 것으로 알고 있는
데 이런 위험을 대비하는 보험이 있나요?

간병비를 지급하는 장기 간병보험(LTC)상품들이 많이 있고 소득 상실까지 대
비하는 보험이 있기 때문에 걱정하지 않으셔도 됩니다.

50대 후반 자영업자인 박 사장은 명절이 두렵다. 치매로 개호(곁
에서 돌보아줌) 상태에 계신 어머니 때문에 형제들 사이에 불화가 있
기 때문이다. 몇 년 전까지는 어머니를 모시던 형과 형수가 간병을
도맡아했지만 너무 힘이 들어 요양병원으로 모셨다. 두 형제가 각

각 월 50만 원씩 모아서 요양원과 간병인 비용을 내고 있었는데, 형이 퇴직을 하게 되어 비용을 내기 힘들다고 전달해왔기 때문이다. 어머니는 현재 87세이고, 5년째 치매로 인해 간병상태중이다.

옛말에 "긴 병에 효자 없다"라는 속담이 있다. 긴 병 중에서도 대표적인 것이 치매일 것이다. 치매는 완치를 기대하기 어렵고, 중증 상태가 되면 환자 본인뿐만이 아닌 가족 중 누군가가 옆에서 계속 간호해야 하는 경우가 발생하기 때문에 일을 그만둬야 해서 경제적인 어려움도 크다고 할 수 있다.

보건복지부(2012년)의 예상에 따르면 치매 환자수는 2015년 기준으로 65만 명이고, 2050년에는 약 270만 명 이상이 될 것이라 예상하고 있다. 이 숫자는 현재 대구광역시 인구와 맞먹는 어마어마한 숫자다.

노후를 위해 제일 필요한 보험이 무엇이냐고 질문을 던진다면 과거에는 암을 보장하는 건강보험 등을 이야기했을 것이다. 하지만 현재에는 단연 치매보험이라고 말할 수 있다.

일상생활장해 및 중증치매 대비는 장기 간병보험

그럼 노후에 찾아올 수 있는 장기 간병과 소득 상실 등에 대비할 수 있는 보험이 무엇이 있는지 알아보자.

첫째, 장기 간병보험Long-Term Care이 있다. 피보험자(보험대상자)가

| CDR 척도

재해 또는 질병으로 인해 혼자서는 일상생활을 할 수 없는 '일상생활장해 상태' 또는 '중증치매 상태'가 되었을 때 보장받을 수 있는 상품이다. 대부분의 상품은 장기 요양 보장에 진단비, 수술비 및 상해사망, 후유장애 등을 결합해 설계되어 있다.

장기요양보장은 장기요양등급 기준에 따라 보험금을 지급받게 되는데 총 5등급까지 구분되어 있고, 1~4등급까지 보험에서 보장하고 있다. 1등급이 가장 중증으로, 가장 많이 진단금이 지급되게 설계되어있다.

참고로 장기 간병보험은 범위가 넓기 때문에 치매만 단독으로 보장받고자 하는 수요에 맞춰 치매 간병보험도 개발되어 있다. 이 상품은 대표적으로 중증의 인지기능 상태를 판별하기 위해 CDR척도 Clinical Dementia Rating를 이용해 판정하는데, 전문의가 실시하는 전반적인 인지기능 정도를 측정하는 검사다.

참고로 대부분의 상품은 내부적 요인에 의한 치매상태만 보장하고 외상성 치매는 보장하지 않기 때문에 유의하기 바란다.

둘째, 장해소득 보상보험이 있다. 상해 또는 질병으로 소득을 상실할 때 보험금을 지급하는 보험을 장해소득 보상보험이라 한다. 장해 정도에 따라 일정한 금액의 일시금이나 연금을 지급한다.

신체장해의 정도에 따라 장해지급률을 정하는 방식으로 보험금을 지급하고 있고, 일반적으로 50%이상 후유장해시에 보험금이 지급되고 있다. 근로자는 장해상태가 계속되면 직장을 잃을 수도 있고, 자영업자의 경우 사업을 영위해나가기 어려울 수도 있기 때문에 이런 경제적 손실을 대비하기 위해 소득 보상보험을 준비할 필요가 있다. 특히 일시적 또는 장기적으로 일을 할 수 없는 상태에 빠진다면 노후를 위해 준비해놓은 자금을 사용할 수밖에 없기 때문에 이런 보험은 더욱 필요하다고 할 수 있다.

셋째, 고령층에 초점을 맞춘 보장성 보험으로 실버보험이 있다. 실버보험은 인구고령화로 인해 관심이 늘어나고 있고 노인성 상해, 질병, 치매 간병과 장례 서비스를 제공한다. 심사절차(언더라이팅)가 없는 반면 보험료가 비싼 경우가 많다. 젊었을 때 보험을 준비해놓지 못한 경우 큰 의료비가 발생되는 사고를 대비할 수 있고, 자녀들이 부모님을 위해 가입시켜드릴 수도 있다.

모든 사람이 무병장수할 수 있다면 좋겠지만 노년기에 소비의 대부분을 의료비로 사용하는 현실 속에서 보험이 전혀 없는 60세 이상의 노후는 불안할 수밖에 없다. 이런 위험을 대비하기 위한 상품이 바로 실버보험이다.

화재보험은
주택이든 사무실이든 필수다

재산이 불에 탈 위험에 미리 대비하지 않으면,
평생을 일군 소중한 재산을 잃을 수 있다.

공장을 운영중인데, 공장에 큰 불이 났을 때 고가의 기계까지 보상이 가능한
보험이 있나요?

화재보험에 가입하시면 건물뿐만 아니라 기계, 집기비품, 가재도구까지도 보
상이 가능합니다.

공장을 운영중인 50대 김 사장은 근처에 있는 창고건물에서 화재
가 발생해 재산상으로 큰 손해를 입었다는 소식을 전해 들었다. 김
사장은 일생을 바쳐 마련한 사업체가 한 순간에 잿더미가 되었다는
소식에 큰 충격을 받았다. 이 사건 발생 후 공장에서 용접작업을 볼

때마다 불안한 마음이 들어 화재보험을 가입하고자 알아보고 있는 중이다.

최근 제천화재 참사, 군산화재 사고 등 불로 인한 엄청난 재해 사고들을 자주 접할 수 있다. 건물주의 관리 부실, 방화 등의 여러 원인이 있겠지만 화재는 한 번 발생으로 엄청난 재산 및 인명 피해를 입힐 수 있다는 사실은 부인할 수 없다.

하지만 경제적 여유가 없어 혹은 필요를 못 느껴 화재보험에 가입하지 않는 경우를 볼 수 있다. 또한 아파트 같은 경우 관리비에 포함되어 가입되어 있는 화재보험만 믿고 화재시 전 재산을 보호받을 수 있을 것이라 생각하는 사람들도 있다.

화재보험의 보상범위도 체크해야 한다

화재보험의 분류는 크게 주택화재보험과 일반 화재보험으로 나뉜다. 주택화재보험은 건물 및 가재도구를 대상으로 하고, 일반화재보험은 일반 물건과 공장 물건을 대상으로 한다.

물건 분류는 주택·일반·공장 물건으로 분류된다. 주택 물건은 아파트, 연립주택, 단독주택을 담보 하고, 일반 물건은 사무실, 점포, 창고, 종교시설, 숙박시설 등을 담보로 한다. 공장 물건은 이름 그대로 제조, 기계, 발전소 등 공장 구내에 있는 건물 및 이에 수용된 동산을 담보로 한다.

278

화재보험의 보상범위도 알아둘 필요가 있다. 보상 대상이 되는 목적물은 건물, 기계, 시설, 집기비품, 가재도구 등이 있으며, 일반 화재보험에서는 재고자산도 가입 대상이다.

또한 사고발생시 특정해둬야 보상을 받을 수 있는 명기물건과 특정하지 않아도 보상이 가능한 자동담보 물건으로 나뉜다. 명기 물건은 보상시 분쟁의 우려가 있는 것을 주로 대상으로 하고 있다. 명기 물건의 종류는 귀금속, 그림, 골동품, 실외 및 옥외에 쌓아둔 동산, 통화, 유가증권 등으로 객관적 가치 산정이 어려운 물건들을 대상으로 하고 있다. 자동담보 물건은 대문, 담, 간판, 네온사인 등을 말한다.

화재보험이 발생해보험금을 청구하게 되면 보험사는 화재사고 발생시 사고시점에 목적물의 가치를 평가하고 보험금 지급을 결정한다. 그러나 보험에 가입했다고 해서 손해 전체를 보상해주는 것은 아니고, 가입한 보험의 보험가입 금액과 평가 금액을 비교해 보험금을 지급한다.

더 쉽게 이야기하면 내 건물의 평가 금액만큼 보상받을 수 있는 보험에 가입했다면 손해액 전액을 보상받을 수 있는데 이는 '전부보험'이라고 하고, 건물의 평가 금액보다 작게 가입했다면 일부만 보상 받을 수 있는 '일부보험'이라고 한다. 평가 금액보다 더 크게 보험을 가입하는 초과 보험이 있는데, 초과된 부분은 무효가 되며 평가 금액(보험가액) 한도 내에서 손해액을 전액 보상해준다.

보험료가 줄어드는
다양한 할인 특약을 알아두자

'이 세상에 에누리 없는 장사가 어딨어.'
다양한 특약으로 보험료도 에누리한다.

TV 광고를 보면 보험에 가입할 때 할인을 많이 해준다는데 구체적으로 어떤
것들이 있는지 궁금합니다.

알아두면 도움이 되는 보험료 할인 특약이 있습니다. 다자녀 가정 할인 특약,
효도 특약, 기존 가입자 할인 특약 등의 혜택을 꼭 챙겨야 합니다.

A

직장인 이혜경 씨는 자녀 어린이보험에 대해 알아보고 있다. 다둥
이 엄마인 이 씨는 자녀들 보험료를 한 푼이라도 아껴보고자 여러
상품을 비교하던 중 '다자녀 할인'에 대해 알게 되어 조금 저렴하게
가입했다.

지금껏 가입한 보험들도 이런 할인 제도가 있는지 궁금했다. 할인 특약에 가입하지 않았다는 생각이 들어 다시 한 번 가입한 보험에 대해 알아보고 있는 중이다.

알면 돈이 되는 보험료 할인 특약

같은 보험이라도 조금 저렴하게 가입할 수 있는 보험료 할인 특약에 대해 구체적으로 알아보자. 가입하려는 보험마다 내용은 다를 수 있고, 이 외에도 더 많은 특약들이 있을 수 있으니 반드시 놓치지 않도록 하자.

다자녀 가정 할인 특약

어린이 보험을 가입하고자 한다면 '다자녀 가정 할인 특약'에 대해 살펴봐야 한다. 할인 기준은 대개 피보험자의 형제자매가 2명 이상이면 보험료를 할인해주는데(0.5 ~5%), 자녀수가 많을수록 할인율이 높다. 현재 출시된 어린이보험에는 대부분 다자녀 할인 특약 기능이 있기 때문에 꼭 챙겨야 할 부분이다.

효도 특약(부모사랑 보험료 할인 특약)

간편심사보험이나 간병보험 등에는 '효도 특약(부모사랑 보험료 할인 특약)'이 있는데, 보험계약자가 부모(배우자의 부모를 포함)를 피보험자 및 보험수익자로 보험계약을 체결할 경우 1~2%의 보험료 할인 혜택을 받을 수 있다.

기존 가입자 할인 특약

같은 보험 회사에서 하나 더 가입시 할인 혜택을 주는 경우도 있다. '기존 가입자 할인 특약'으로 1~14%까지 할인 혜택을 주기 때문에 보험가입을 한 보험 회사로 몰아서 가입하는 것도 저렴하게 보험을 가입하는 좋은 방법이다.

부부가입 할인 특약

부부가 똑같은 상품에 동시에 가입하면 할인을 주는 경우도 있다. '부부가입 할인 특약'으로 1~10% 할인이 가능한 경우가 있다. 대표적으로 여행자보험, 실손보험, 상해보험, 운전자보험, 자동차보험 등이 있다.

고액계약 할인 특약

고액계약 할인 특약은 대개 저축성 보험상품에 탑재가 되어있다. 보험료가 일정금액 이상인 경우에 1~20%까지 보험료를 할인해준다.

보험료 자동이체 할인 특약

'보험료 자동이체 할인 특약'은 일부 상품에 대해 보험료를 금융

기관 자동이체로 납부할 경우 보험료를 할인(1%)해주고 있다. 2회
이후 보험료부터 할인된 보험료 혜택을 받을 수 있다.

| 손해보험상품 요약

구분	핵심 내용
자동차 보험	• 운전자라면 의무적으로 가입해야 하는 보험. 대인·대물 배상 • 자동차에 대한 보험. 민사상 책임부분 보상 • 최소한의 책임보험 • 책임보험＋임의보험＝종합보험
운전자 보험	• 자동차보험에서 보상이 이루어지지 않는 부분도 해결 • 대인사고에 대한 보험. 형사상 책임부분 보상 • 교통사고 처리 지원금, 벌금, 방어비용, 형사합의금, 변호사비용 등
자녀·건강 상해보험	• 자녀(태아·어린이): 선천성질환이나 신생아 관련 질병, 어린이 및 청소년 질환 • 건강: 암, 특정질병, 중대질병(3대질환: 암, 뇌혈관질환, 심장질환) • 상해: 예상치 못한 장애나 부상, 사망을 보상 　－ 저렴한 보험료로 큰 보장이 가능. 저축 기능도 있어 만기시 일정금액을 지급 　하는 형태도 있음
실손 의료보험	• 실제 의료비를 보장해주는 상품 • 건강체는 기본형으로 가입하고 가족력이 있는 경우는 특약가입도 고려 • 똑똑한 것 한 개만 가입, 중복 보상은 안 됨
노후 간병보험	• 일상생활장애, 중증치매상태, 고령화 등 장기 간병과 소득상실, 노인성 상해, 질병 　등에 대비할 수 있는 장기 간병보험·장해소득 보상 보험·실버보험 등
화재보험	• 자주 발생하지 않지만 한 번 발생하면 큰 경제적 손해를 유발하는 '화재' 목적에 　맞는 보험 가입으로 리스크 헷지 • 주택화재: 건물 및 가재도구 위주 • 일반화재: 일반 물건과 공장 물건을 대상으로 함

원하든 원하지 않든 당신은 이미 국세청과 동업자다. 절세에 무관심하면 당신의 몫이 줄어들게 된다. 세금은 돈 많은 부자들에게나 해당되는 일이라고 외면해왔다면 이제 다시 생각해 볼 시간이다. 예금, 대출, 펀드, 주식, 연금 그리고 신용카드 까지 금융상품과 관련된 절세지식으로 내 몫의 수익을 지키자.

8장

절세지식이
줄줄 새는 돈을 막아준다

같은 예금도 똑똑한 사람은
받는 금액이 더 많아진다

예금하면 받는 이자가 다 자신의 것이라 생각하는가?
세금을 알아야 아는 만큼 내 몫을 더 늘릴 수 있다.

같은 날, 같은 은행에서 같은 만기의 예금상품에 두 사람이 가입했는데도 받
는 돈이 각자 달라질 수 있나요?

네. 가입한 상품에서 발생된 이자가 동일해도 세금을 얼마나 내는지에 따라
실제 받는 금액은 달라질 수 있어요.

미국의 최고액권 지폐인 100달러의 모델인 벤저민 프랭클린
Benjamin Franklin은 정치인, 언론인, 과학자, 외교관뿐만 아니라 저술가
로서도 큰 명성을 떨친 위인이다. 그는 "오늘 할 수 있는 일을 내일
로 미루지 마라" 같은 수많은 명언의 주인공이기도 하다.

그가 남긴 말 중에 여러분들도 기억해두었으면 하는 말이 있다. "인간이 피할 수 없는 것 2가지 중 하나는 죽음이고, 또 하나는 세금"이라는 말이다.

당신은 이미 국세청과 동업자!

예금을 하면 은행은 약정에 따라 이자를 지급해야 한다. 하지만 은행은 이자를 그대로 지급하지 않고 15.4%의 세금을 차감해 지급하고, 징수한 세금은 국세청에 납부한다. 내 돈을 은행에 빌려주고 이자를 받는 과정에서 국가는 전혀 보태준 것이 없는 것 같은데도, 돈을 만져보기도 전에 국가는 미리 자기 몫을 떼어가버리는 것이다.

물론 이런 처리과정은 국민을 대표하는 국회가 만든 세법에 따라 이루어진다. 세법의 내용을 알았든 몰랐든, 원하든 원하지 않든, 내가 벌어들인 소득의 일부는 이미 국세청의 몫인 것이다. 마치 국세청이 나와 동업자인 것처럼 말이다.

국세청 몫인 소득에 대한 세금은 오른쪽의 도표처럼 정해진다. 따라서 동업자보다 내 몫을 늘리려면 계약 내용을 꼼꼼히 따져서 유리한 조건을 놓치지 않아야 한다.

첫째, '비과세'다. '비과세'는 국세청이 본인 몫을 100% 포기하는 것이므로 세금을 하나도 부담하지 않아도 된다.

둘째, '분리과세'다. 다른 소득과 합산하지 않고 분리시켜 15.4%의 세금만 부담하거나, 좀더 낮은 9.9%의 저율로 분리과세된다. 다른 소득과 합산되어 더 높은 세율을 적용받지 않아도 되므로 유리하다.

셋째, '소득공제'다. 소득에서 차감시켜 세금을 적게 낼 수 있다. 같은 금액을 공제받아도 높은 세율이 적용되는 사람일수록 더 유리하다.

마지막으로 '세액공제'다. 소득이 많거나 적거나 같은 금액이 차감되므로 소득이 많은 경우에 상대적으로 체감 혜택은 적다.

| 소득세 계산 구조

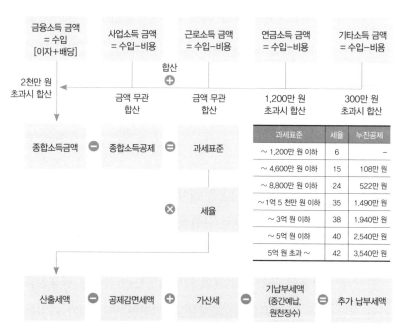

같은 상품이지만 달라지는 세금

ISA는 Individual Savings Account의 약자인데 통상 '개인종합자산 관리계좌'라고 부른다. ISA는 하나의 계좌에 다양한 금융상품을 담아서 운용할 수 있는 점과 일정 요건을 갖추면 비과세와 저율분리과세 혜택이 주어지는 점이 특징이다.

따라서 같은 상품이라도 ISA에 담아서 운용하면 세금 혜택이 있고, 따로 운영하면 세금 혜택이 없어 같은 수익이 나도 실제 지급받는 금액은 달라지게 되는 것이다. 물론 이러한 세금 혜택을 받으려면 세법에서 정해놓은 조건을 갖추어야만 한다.

ISA뿐만 아니라 세제 혜택이 있는 금융상품들의 조건과 특성을 알아두자. 그러면 나도 모르는 사이에 내 동업자인 국세청이 자기 몫을 더 챙겨가는 것을 막을 수 있다.

절세상품은 크게 4가지로 나누어진다. 첫째는 발생된 소득에 대해서 세금을 과세하지 않는 비과세상품이다. 둘째는 세금 부담을 낮추기 위해 다른 소득과 합산하지 않도록 해주는 분리과세상품이다. 셋째는 납입금액의 일부를 세금을 내야 될 소득에서 차감해주는 소득공제상품이 있고, 마지막으로 납입액의 일부를 내야 될 세금에서 직접 차감해주는 세액공제상품이 있다.

절세 금융상품의 조건을 일일이 기억해두기 어렵다면 금융상품 가입 상담을 할 때 질문할 한 가지는 꼭 기억해두자. "제가 가입할 수 있는 절세상품은 어떤 것이 있나요?"

| 판매중인 절세상품 요약

구분	내용
비과세	① 종합자산 관리계좌(ISA) – 발생소득 200만 원(서민형, 농어민형은 400만 원)까지 비과세 – 연간 납입금액 한도 2천만 원(2021. 12. 31까지 가입 가능) – 근로 또는 사업소득 있는자, 의무가입기간 3~5년 ② 장기 저축성 보험 – 5년 월적립식 보험 : 납입금액 월 150만 원 한도 – 종신형 연금보험 : 한도 없음(보증기간이 기대여명 이내일 것) – 그 외 보험 : 보험료 합계액 1억 원 한도 ③ 비과세 종합저축 – 납원원금 5천만 원에 대한 소득 비과세(2019. 12. 31까지 가입 가능) – 65세 이상인 자(단계별 적용), 장애인, 독립유공자 등 ④ 주식형 펀드 – 주식형 펀드의 상장주식 투자이익 비과세. 단이자·배당은 과세
분리과세	종합자산 관리계좌(ISA) : 발생소득 200만 원(서민형, 농어민형은 400만 원)을 초과하는 금액
소득공제	① 주택청약종합저축(2019. 12. 31이전 납입분에 한함) – 무주택 세대주는 납입금액(연 240만 원 한도)의 40% 소득공제 – 가입 후 5년 내 해지시 추징세액 있음 ② 노란우산공제(소상공인 공제부금) – 사업자가 납입한 원금의 100% 소득공제 – 한도 : 사업소득 금액별 200만 원/300만 원/500만 원 – 부동산임대업의 경우 2019. 1. 1 이후 신규가입분부터 공제 불가 – 법인의 대표로서 총급여 7천만 원 이하인 경우도 공제 가능
세액공제	연금계좌 납입액 세액공제 – 납입액 적용 한도 – 연금신탁·펀드 : 연 400만 원(소득 많으면 300만 원) – 퇴직연금 : 한도 내 연금신탁·펀드 포함 총 700만 원 – 세액공제율 : 13.2%(소득 적으면 16.5%)

대출금을 갚으면서
돈도 벌 수 있는 방법이 있다

과도한 빚은 고통의 시작이 될 수 있지만
절세 상식이 있다면 대출금 부담도 줄일 수 있다.

Q

대출금을 상환할 때도 세금 혜택을 받을 수 있는 대출이 있나요?

네. 주택관련 대출, 학자금관련 대출을 상환하고 있다면 조건에 따라 세금을
돌려 받을 수 있어요.

A

"소득있는 곳에 세금 있다"라는 격언을 들어봤을 것이다. 이 말은
소득이 아니면 세금 문제는 없다는 뜻도 된다.

예금과 달리 대출은 돈을 버는 것이 아니라 쓰는 것이다. 그러다
보니 세금과는 무관하다고 생각하는 경우를 자주 보게 된다. 하지만

292

일정 조건을 갖춘 대출은 소득세를 줄여준다. 이런 내용을 몰라 조건을 갖추고도 세금을 돌려받을 기회를 놓치고 있지는 않은 것인지 점검할 필요가 있다.

세금 혜택을 주는 대출이 있다

직장인이 내집 마련을 하면서 주택을 담보로 대출을 받는 '장기주택저당차입금'의 이자상환액에 대해서는 연말정산시 소득공제를 적용받을 수 있다. 공제대상 조건을 확인하고 혜택을 놓치지 않는 것이 좋다.

부부 공동명의 주택인 경우 차입금 명의를 어떻게 하는지에 따라 공제가능 여부가 달라질 수 있는 점도 유의해야 한다. 차입금도 공동명의라면 그 중 근로자 해당분에 대해서만 공제 가능하지만, 근로자 단독명의 차입금이라면 전액 공제받을 수 있다.

또한 중도상환을 하게 되면 해당연도 이자상환액 모두 공제대상에서 제외된다. 따라서 연말에 중도상환을 고려한다면 다음해 초에 상환하는 것이 유리하다.

무주택자가 주택분양으로 중도금 대출을 받을 때도 '주택완공시 장기주택저당차입금으로 전환할 것'을 조건으로 차입한 경우라면 이자상환액을 소득공제받을 수 있다.

이자상환액에 대해 세금 혜택을 주는 또다른 경우가 있다. 바로 주택연금을 받는 경우다. 이름은 주택연금이지만 주택담보대출의 일종이며 주택담보 노후연금 또는 역모기지대출이라고도 한다.

역모기지대출의 이자상환액은 연금소득에서 200만 원 한도로 공제 가능하다. 국민연금 등 공적연금이나 연금저축에서 연금을 수령하는 경우 연금소득에 대해 세금을 낼 수 있는데, 이 경우 세금 부담을 줄일 수 있는 것이다.

이자상환액뿐만 아니라 원금상환액에도 혜택이 있는 대출도 있다. 그것은 바로 전세자금대출로 알려진 주택임차차입금이다. 신용대출을 받아 전세자금으로 사용하는 경우에는 해당되지 않으며, 개인간 대여한 금액도 일정조건에 맞는다면 세금 혜택을 받을 수 있다. 다만 주택임차차입금 원리금상환액공제는 '주택마련 저축공제액'과 합산해 연 300만 원 공제한도를 적용받는다.

교육비로 지출한 항목은 직장인 연말정산에서 절세효과가 큰 항목이다. 보통 부모가 자녀의 학비로 납부한 금액을 교육비로 세액공제를 받지만, 자녀가 학자금 대출을 받아 교육비를 냈다면 부모는 교육비 공제를 받을 수 없다. 대신 대출을 받은 본인이 취업해 학자금 대출을 상환할 때 교육비 공제를 받을 수 있다.

세액공제액은 학자금 대출 상환 원리금의 16.5%이다. 대출금액 중 교육비가 아닌 생활비상당액이 포함되어 있다면 이 부분은 공제 대상에서 제외된다.

| 세금 혜택이 있는 대출 요약

구분	내용
주택 취득자금 대출상환 세금 혜택	• 공제대상자: 연말 현재 1주택자인 근로자세대주 • 대상주택: 취득 당시 기준시가 4억 원 이하(주거용 오피스텔 제외) • 대출금조건: 주택 취득 후 3월 이내 차입, 상환기간 10년 이상, 채무자=소유자 • 소득공제: 다음 한도 이내의 이자상환액을 근로소득에서 공제 표 참조 • 기타: 세대주가 주택자금공제를 받지 않는 경우로, 세대원이 위 요건을 충족하고 해당주택에 실제 거주시 공제 가능
역모기지 대출상환 세금 혜택	• 공제대상자: 대출 당시 주택소유자 또는 배우자가 만 60세 이상 • 대상주택: 대출당시 기준가가 9억 원 이하로 실제 거주할 것 • 소득공제: 연 200만 원 이내의 이자상환액을 연금소득에서 공제
주택 전세자금 대출상환 세금 혜택	• 공제대상자: 연말 현재 무주택자인 근로자&세대주 • 대상주택: 국민주택(전용면적 85m²) 이하, 주거용 오피스텔 포함 • 대출금조건: ① or ② 　① 금융 회사에서 입주 후 3개월 이내 대출받아 임대인에게 직접 입금 　② 개인 입주 후 1개월 이내, 이자율 1.6% 이상 차입, 연봉 5천만 원 이하 • 소득공제: 연 300만 원 이내의 원리금상환액을 근로소득에서 공제
든든학자금 대출상환 세금 혜택	• 공제대상자: 취업 후 학자금대출을 상환하는 자 • 대상대출: 한국장학재단 학자금대출, 농어촌대학생 학자금융자 등 • 세액공제: 원리금상환액 16.5% 세액공제

위 "주택 취득자금 대출상환 세금 혜택" 항목 내 표:

만기 10년 이상	만기 15년 이상		
고정금리 혹은 비거치	일반	고정금리 혹은 비거치	고정금리 & 비거치
300만 원 한도	500만 원 한도	1,500만 원 한도	1,800만 원 한도

※ 연도별 세법 개정으로 대출시기에 따라 적용되는 내용이 달라질 수 있음.

펀드투자로 손실 났어도
세금을 낼 수 있다

세금 부담을 줄여주기 위해 설계된 펀드 세제 때문에
손실난 펀드투자자를 2번 힘들게 할 수도 있다.

펀드에 투자해서 손실이 났는데도 세금을 내야 한다네요. 이게 말이 되나요?

네. 안타깝지만 그럴 수 있습니다.

A

펀드투자로 손실이 났는데도 세금을 내야 하는 경우를 가끔 보게
된다. 상식과는 전혀 다른 이런 상황은 투자자의 스트레스를 2배로
만든다. 도대체 왜 이런 일이 생기는 것일까?

"다 너를 위한 거야!" 어린 시절 한 번씩은 다 들어봤을, 그리고 어
른이 되어 아이를 키우면 한 번쯤은 말하게 될 이런 표현이 손해를

보고도 세금을 내는 모순된 상황을 설명해줄 수 있다. 이런 현상은 펀드투자자의 세금 부담을 낮춰주기 위해 설계된 세법이 원인이기 때문이다.

"소득 있는 곳에 세금 있다"라는 말처럼 펀드에 투자해 수익을 얻는 경우에도 세금을 내야 한다. 하지만 개인이 직접 상장주식에 투자해 얻는 매매차익을 과세하지 않는 것처럼, 펀드를 통해 얻는 상장주식 매매차익도 과세되지 않는다. 또한 세금을 부과하는 시기는 펀드를 환매할 때뿐만 아니라 1년 단위로 펀드가 결산을 하는 때도 해당되는 특성이 있다.

1년 단위 결산 후 과세

'펀드 결산'은 투자자가 실제 환매신청을 하지 않더라도 1년 단위로 별도의 수수료 없이 모두 환매처리한 후 다시 재투자한 것으로 처리하는 절차다. 투자자는 본인이 환매신청을 하지 않았기 때문에 느끼지 못하지만, 결산을 하면 환매한 후 다시 투자한 것이 되는 것이다.

소득세는 소득이 클수록 높은 세율이 적용되어 세금 부담이 커지는 구조다. 그래서 펀드에 장기 투자해 얻는 누적수익을 한번에 찾으면 세금 부담이 커지기 때문에, 1년 단위 펀드 결산을 통해 수익을 분산시켜 세금 부담을 낮춰주기 위해 펀드 결산이 도입된 것이다.

투자자를 위해 1년 단위 결산을 도입했지만, 이 때문에 투자 손실이 발생했는데도 세금을 부담하는 이상한 경우도 생길 수 있다. 예를 들어 100을 투자해 결산시 평가액이 130이라면, 이익 30에 대해 세금을 내게 된다. 하지만 결산 후 90으로 하락한 상태에서 환매를 하게 되면, 결산 후 -40의 손실이 발생했지만 먼저 부담한 세금을 돌려주지는 않는다. 투자자는 100을 투자해 90을 회수해 -10만큼 손실이 발생했지만 결산시 이익 30에 대해 세금을 부담하게 되는 것이다.

이런 문제가 발생되자 세법을 개정해 결산 여부를 선택할 수 있도록 했다. 하지만 선택권이 투자자 개인에게 있는 것이 아니라 펀드 운용사에서 결정하는 방식이라는 점도 같이 알아두어야 한다.

과세제외 대상이라 매매 손실도 인정 못받아

상장주식에 직접투자하는 경우에는 대주주가 아니라면 매매차익에 대해 세금을 부담하지 않는다. 펀드를 통한 간접투자도 형평성 차원에서 상장주식 매매차익에 대해 과세하지 않고 있다. 이 역시 납세자의 세금 부담을 줄이기 위한 조치다.

하지만 이로 인해 투자 손실이 발생해도 세금을 부담해야 할 수 있다. 예를 들어 펀드에 100을 투자했는데 그 중 상장주식 매매 손실 -20, 채권이자 수익 10이 발생되어 90만 회수한다면, 채권이자

10은 과세되지만 상장주식 매매 손실 -20은 세금환급 대상이 되지 않는다. 상장주식 매매익에 대해 세금을 과세하지 않기 때문에 매매 손실이 발생해도 세금을 돌려받는 대상이 될 수 없는 것이다. 이런 경우라면 투자자는 100을 투자했지만 90만 회수해 -10의 손실이 발생했어도 이자수익 10에 대해 세금을 내는 황당한 경험을 할 수도 있는 것이다.

펀드를 통한 국내 상장주식 매매차익은 과세되지 않지만, 해외 상장주식 매매차익은 과세 대상이다. 해외 상장주식 매매차익에 대해 과거 2007년 6월부터 2009년 12월까지 비과세를 해준 적이 있었다.

이때 환율부분에서 이익이 발생되고 주식에서는 더 큰 손실이 발생된 경우도 마찬가지다. 주식부분이 비과세되어 실제는 투자 손실이 발생했지만 환율부분 이익에 대해 세금을 내야 해 억울한 투자자들이 생겼었다. 이런 경험 때문에 2016~2017년 도입한 해외펀드 비과세는 환차익부분이 비과세 대상에 반영되기도 했다.

채권, 간접투자와
직접투자시의 세금이 다르다

간접투자시 채권 이자와 매매차익에 대해 배당소득세를 부담하고,
직접투자시 채권 매매차익에 대해 비과세가 가능하다.

채권에 투자할 때 펀드를 통해 간접투자하는 것과 개인이 직접투자하는 경우
의 세금 부담이 달라지나요?

네. 채권매매차익의 경우 간접투자시에는 과세되지만, 직접투자시에는 과세되
지 않습니다.

채권은 정부, 공공단체, 주식회사 등이 자금을 조달하기 위해 발
행한 차용증서다. 발행방식에 따라 다양한 종류가 있지만 투자자는
이자와 만기 전 매매를 통해 수익을 추구할 수 있다.

채권의 이자는 발행시 정해진 이자율에 따라 지급받게 된다. 만

기 전 채권을 매매할 경우 매입시점의 시장이자율보다 매도 시점에 시장이자율이 하락한다면 매매차익이, 반대로 매도 시점의 시장이 자율이 상승하거나 발행자의 신용도가 하락한다면 매매차손이 발생하게 된다.

이자수익과 매매차익에 대해 채권투자를 펀드에 가입해 간접투자 하는 것과 개인적으로 직접투자하는 경우 세금이 어떻게 달라지는 지 구체적으로 알아보자.

매매차익 발생시 vs. 매매차손 발생시

채권의 이자수익에 대해서는 직접투자시와 간접투자시 모두 동일 하게 과세된다. 그러나 채권의 매매차익은 직접투자시 과세되지 않 지만, 간접투자시에는 과세된다.

오래전에는 채권에 직접투자하든 간접투자하든 매매차익에 대 해 동일하게 과세하지 않았다. 하지만 간접투자의 경우 2000년 11월 1일 이후 발생하는 매매차익부터 과세 대상으로 변경되었다.

이러한 변화는 간접투자시 불이익을 주는 것처럼 보이지만, 오히 려 간접투자를 우대하기 위한 것이었다. 매매차익에 대해 과세를 한 다는 것은 반대로 매매차손이 발생되면 이익에서 차감해서 낼 세금 을 줄여준다는 의미를 갖기 때문이다.

그 당시 'IMF 사태'로 통칭되는 경제위기를 맞아 기업의 신용도

추락과 금리 급등으로 채권 가격이 폭락하게 되었는데, 펀드투자자들이 채권의 매매 손실을 이자나 주식의 배당금 등 과세수익에서 차감받지 못하고 세금을 내는 일이 생기면서 세법을 개정하기에 이른 것이다.

채권의 매매차익 발생시 과세하지 않는 직접투자가 무조건 유리한 것처럼 보일 수 있다. 하지만 반드시 그런 것만은 아니다. 누구나 투자를 할 땐 이익을 기대하지만 투자의 다른 이름은 손실 가능성이라는 점을 생각해보면 오히려 손실 발생시 세금을 줄일 수 있는 간접투자가 절세에 도움이 될 수도 있다.

투자시에는 위험을 줄이기 위해 포트폴리오를 구성하는 것이 좋은데, 직접투자시에는 어느 한 채권의 투자 손실을 다른 채권의 투자이익에서 차감할 수 없다. 하지만 간접투자인 펀드를 통하면 서로 다른 채권의 손익을 통산할 수 있어 좀더 효과적으로 투자위험 관리가 가능하다.

직접투자시 매매차익이 과세되지 않는 점에 대해 유의할 사항도 있다. 채권의 매매가 계속 반복적으로 발생된다면 이를 사업소득으로 간주해 과세할 수 있다는 점이다.

주가가 오르든 내리든
절세의 길은 있다

하늘이 무너져도 솟아날 구멍이 있다는 말처럼
관심을 갖는 자에게 절세의 길은 반드시 보인다.

Q

주식투자로 이익이 발생해도 양도소득세는 없다고 들었는데, 그렇다면 절세
할 필요가 없는 것 아닌가요?

아니오. 국내상장주식 소액투자자는 양도세가 없지만, 해외주식이나 국내 비
상장주식, 소액투자자가 아닌 경우에도 양도소득세가 발생되니 절세에 대한
관심이 반드시 필요합니다.

A

주식의 매매차익은 양도소득세 과세 대상이다. 하지만 예외적으
로 국내 상장주식은 과세 대상에서 제외되어 있다보니 대주주를
제외한 대다수의 개미투자자는 양도소득세를 걱정할 필요는 없다.

주식 매매차익에 대한 양도소득세는 10%~30%의 세율이 적용되며, 양도소득세의 10%를 지방소득세로 별도 부담해야 한다. 양도일이 속하는 반기의 말일부터 2개월 이내에 신고·납부해야 하며, 동일 연도에 여러 차례 매매를 했다면 연단위로 합산해 다음해 5월 말까지 추가로 확정신고 및 추가세액을 납부해야 한다.

매매차익에서 보유기간에 따른 공제혜택은 없다. 하지만 연간 250만 원의 기본공제는 적용받을 수 있다.

주가 상승시 세금을 줄여주는 증여재산공제

주식에 대한 양도소득세는 매매차익에 대해 과세된다. 바꾸어 말하면 매매차익이 없거나 줄어든다면 세금 부담도 없거나 줄어들게 된다.

한편 누군가에게 재산을 무상으로 준다면 이를 받는 사람에게는 증여세가 과세된다. 하지만 10년간 합산한 금액을 기준으로 배우자에게 증여받는 경우에는 6억 원, 부모 등 직계존속 5천만 원, 자녀 등 직계비속 5천만 원, 기타 친족은 1천만 원을 증여재산에서 공제받을 수 있어 이 범위내에서는 증여세 부담없이 자산을 넘겨줄 수 있다.

이와 같이 증여재산공제를 활용하면 주식에 대한 양도소득세를 절세할 수 있다.

예를 들어보자. 5천만 원에 취득한 A주식이 현재 1억 원이 되었을 때, 시세대로 바로 매각한다면 양도차익 5천만 원에 대해 세금을 부담해야 한다. 그러나 A주식을 배우자에게 증여한다면 배우자는 주식 1억 원에 대한 증여세를 부담해야 하지만, 증여재산공제를 적용하면 실제 납부하는 증여세는 없게 된다.

그리고 배우자가 A주식을 시세대로 1억 원에 매각한다면 매매차익이 0이 되어 양도소득세를 부담하지 않게 된다. 증여로 취득한 재산은 공짜로 취득했지만 증여세 과세 대상이 된 금액을 양도소득세 계산시 취득금액으로 인정해주기 때문이다.

주식의 가치는 계속 변경되므로 증여 처리 후 3개월 이내에 매각한다면, 실제 매매된 금액을 증여재산가액으로 사용할 수 있어 좀더 간단하게 처리할 수 있다.

다만 유의할 사항도 있다. 실제 증여를 하지 않고 증여인 것처럼 위장한 거래는 인정받을 수 없다는 점이다.

주가 하락시의 절세 방법

만일 A펀드와 B펀드에 각각 투자한 후 A펀드는 이익 100, B펀드는 손실 -100이 발생된다면 세금 부담은 어떻게 될까? 안타깝게도 전체 투자손익은 0이지만, 각각 다른 상품이므로 손익을 통산할 수 없다.

주식에 대한 양도소득세 과세

구분			보유기간	세율
상장	장내거래	대기업 · 대주주	1년 미만	30%
			1년 이상	20%, 25%
		대기업 · 소액주주	–	과세 제외
		중소기업 · 대주주	–	20%, 25%
		중소기업 · 소액주주	–	과세 제외
	장외거래	대기업 · 대주주	1년 미만	30%
			1년 이상	20%, 25%
		대기업 · 소액주주	–	20%
		중소기업 · 대주주	–	20%, 25%
		중소기업 · 소액주주	–	10%
비상장	–	대기업 · 대주주	1년 미만	30%
			1년 이상	20%, 25%
		대기업 · 소액주주	–	20%
		중소기업 · 대주주	–	20%, 25%
		중소기업 · 소액주주	–	10%

※ 대주주의 경우 대기업 1년 미만 보유분은 30%, 그 외의 경우 과세표준 3억 원 이하분은 20%, 3억 원 초과분은 25%가 적용됨. 다만 중소기업 대주주의 경우 2019년 12월 31일 이전 양도분은 20%의 세율이 적용됨.

그렇다면 A주식과 B주식에 각각 투자해 A주식은 이익 100, B주식은 손실 -100이 발생된 경우라면 어떨까? 주식의 양도소득세는 매각 건별로 계산한 후 동일연도 매각 건을 모두 합산해 재정산을 하게 된다. 따라서 손실이 발생된 B주식을 A주식과 같은 연도에 매각하면 손실발생액에 대해 세금을 환급받는 효과를 얻을 수 있다.

또한 주가 하락으로 손실이 발생해도 향후 주가 회복을 기대한다면 증여세 절세의 기회로 활용할 수도 있다. 사실 이 방법은 상장 기업의 대주주들이 선호하는 방법이다. 주식은 언젠가 자녀들에게 물려주어야 하는데, 주가가 높을 때 물려주는 것보다 주가 하락시 물려주는 것이 훨씬 유리하기 때문이다.

물론 이 방법은 대주주뿐만 아니라 소액주주에게도 마찬가지로 증여세 절세 효과가 있다. 다만 주가가 상승할 여력이 없다고 판단된다면 절세에 집착하지 말고 손절매하는 것이 좋을 수 있다.

한편 상장주식은 증여일 전후 2개월간의 최종 시세가액 평균액으로 증여세를 계산하며, 증여는 3개월 이내에 취소도 가능하다. 따라서 증여 후 주가가 추가 하락하면 증여 취소 후 다시 증여하는 방법도 활용 가능하다.

연금 적립과 수령시
꼭 알아야 할 절세 전략

행복한 노후 준비를 위해 꼭 필요한 연금상품!
여기에 절세까지 고려하면 더 효과적이다.

Q

직장인으로 월급에서 국민연금과 퇴직연금을 납입하고 있고, 주택마련과 자녀 교육비 등 지출할 곳도 많은데 연금상품까지 준비할 필요가 있나요?

네. 연금상품은 절세효과가 큰 상품이기 때문에 가장 우선적으로 선택해야 할 금융상품입니다.

A

누군가 당신에게 매년 115만 원을 빌려줄 테니 25년 후 이자 없이 매년 38만 원만 갚으라고 한다면 어떻게 하겠는가? 아마도 어떤 속임수가 있을 거라는 의심부터 들지 않을까? 그런데 이것이 대한민국 정부가 제안한 내용이라면? 그렇다면 이 좋은 혜택을 마다할 이

유가 없지 않은가?

실제로 노후를 대비해 연금상품에 가입하면 최대 연간저축금액 700만 원에 대해 16.5%의 세액공제를 적용해 약 115만 원의 세금을 환급받을 수 있고, 55세 이후 연금을 수령할 때 5.5%인 38만 원의 세금만 납부하면 된다. 이 좋은 기회를 놓치고 있는 것은 아니길 바란다.

연금 적립에도 기술이 필요하다

연금상품의 세금 혜택은 좋아 보이지만 현실에서는 매달 지출하는 항목이 많다 보니 노후 대비를 위한 연금상품은 가입을 쉽게 결정하지 못하는 사람들이 많다. 그러나 "시작이 반"이라는 말처럼 적은 금액이라도 우선 실천하는 것이 필요하다.

연금상품 중 보험을 제외한 펀드나 신탁은 자유적립식이라 매달 납입하지 않아도 불이익이 없다. 연금저축보험은 1회당 최대 12개월, 최대 3회까지 납부유예가 가능하다.

연금상품은 연금저축과 퇴직연금으로 분류되는데 2가지 종류를 합산해 연 1,800만 원까지 납입할 수 있고, 최대 납입원금 700만 원에 대해 16.5%의 세액공제를 적용받을 수 있다. 단, 근로소득 총급여액이 5,500만 원을 초과하거나 사업소득금액이 4천만 원을 초과하는 경우에는 13.2%를 적용받는다.

중도인출을 하면 16.5%로 세금을 납부해야 한다. 하지만 세액공제를 받지 않은 원금을 중도인출하는 경우에는 세금 부담이 없다는 점도 알아두자.

맞벌이 부부라면 부부 소득이 적은 사람이 먼저 연금상품에 가입하는 것이 좋다. 기준금액을 초과하면 16.5%의 혜택이 13.2%로 줄어들기 때문이다. 한 가지 주의할 점이 있다. 소득이 작아서 납부할 세금이 적다면 13.2%의 세액공제 혜택이 무용지물이 될 수도 있으니 이때는 소득이 많은 쪽이 가입해 혜택을 보는 것이 좋다.

세액공제 한도에 맞추어 납부하는 경우도 많은데, 여력이 된다면 그럴 필요는 없다. 공제를 받지 못한 금액에 대해서는 '납입연도 전환특례'를 통해 공제한도가 부족한 해에 세액공제를 신청할 수 있기 때문이다.

노후생활에 보탬이 될 연금 수령의 기술

퇴직시 회사에서 지급받는 퇴직금을 퇴직연금계좌로 받아 55세 이후 연금으로 수령하면 퇴직소득세의 30%를 할인받고, 연금으로 수령하는 비율만큼 분할납부할 수 있다. 그러므로 노후자금 사용 계획시 퇴직금을 연금으로 수령하는 것을 1순위로 고려하는 것이 좋다.

국민연금은 통상 65세부터 사망시까지 수령하게 되는데, 5년 전부터 조기수령을 신청하거나 5년 뒤부터 수령하는 것으로 연기 신청을 할 수도 있다. 조기수령하면 수령기간이 늘어나는 대신 1년당 6%로 감액된 연금을 수령하고, 수령시기를 연기하면 수령기간이 줄어드는 대신 1년당 7.2% 증가된 연금을 수령한다.

또한 국민연금 수령시 다른 소득이 많으면 연금수령액의 최대 50%까지 감액될 수 있는 점도 고려해 국민연금 수령시기를 선택하면 좋다.

연금상품은 55세 이후에 연금으로 수령할 수 있기 때문에 국민연금 수령 전까지 활용하는 것이 좋다. 연금 수령할 때 연령에 따라 5.5%~3.3%(55세~69세 5.5%, 70~79세 4.4%, 80세 이상 3.3%)의 연금소득세를 부담하며, 과세 대상 연금수령액이 연간 1,200만 원을 초과하면 종합소득 신고 대상이 되어 소득 규모에 따라 추가로 세금을 납부해야 될 수 있다.

통상 종합소득 신고 대상이 되면 추가로 세금을 납부하는 경우가 많기 때문에 수령기간을 늘려 연간 1,200만 원을 초과하지 않도록 하는 것이 좋다. 하지만 다른 소득이 없거나 적다면 종합소득 신고시 5.5% 등으로 납부한 세금을 환급받을 수도 있어 연간 1,200만 원을 넘지 않더라도 종합소득 신고를 선택하는 것이 유리할 수도 있다.

연금상품을 중도해지 하는 경우에는 연금소득이 아닌 기타소득으로 분류되며 16.5%의 세금을 부담하고 종합소득 합산 대상에서는 빠지게 된다. 한편 55세 이후 연금 수령을 유예하다가 일시에 해지하는 경우 분리과세되는 기타소득으로 착각할 수 있다.

일시에 해지하더라도 연금 수령한도 계산 범위 내의 금액은 연금소득으로 과세된다는 점을 유의해야 한다. 다른 소득이 많은 경우 최고 46.2%로 세금을 추가로 내야 될 수 있기 때문이다.

부자들이 보험을
좋아하는 이유는 절세 때문이다

부자들은 보험상품의 절세 매력을 알고 있다.
주의해서 잘 파악하면 새는 돈을 막을 수 있다.

보험은 장기상품이라 중간에 해지하면 원금도 못 받는 경우도 많은데, 부자들이 보험상품을 많이 활용하는 건 무슨 이유 때문인가요?

바로 보험의 절세 혜택 때문입니다. 지인의 권유로 무작정 가입하지 말고, 보험의 절세 혜택을 잘 알고 활용하면 중도해지를 할 일도 줄일 수 있겠죠.

보험은 위험을 보장하는 것이 주기능이지만, 보장 성격을 기본으로 저축성 기능을 포함한 상품도 있어 재테크 수단으로 활용되고 있다. 특히 2013년 이전에는 계약 기간이 10년 이상인 보험의 이자에 대해 한도 제한 없이 비과세를 적용했기에 금융소득 종합과세를 피하려는 부자들의 인기를 끌었다.

그러나 그후 비과세 한도가 축소되는 방향으로 세법이 개정되어 절세 혜택은 많이 줄어들었다. 혜택은 줄어들었지만 현재 보험의 비과세 조건을 알아두고 잘 활용하면 좋을 것이다.

실수령액을 높여주는 저축성 보험차익 비과세

저축성 보험차익이란 납입한 금액을 초과해 수령하는 보험금으로 사망, 질병, 상해, 재산상손해로 받는 것이 아닌 것을 말한다. 수령하는 시점에 이자소득으로 과세된다. 그러나 이자소득에 대해 비과세가 적용되면 실질수익률을 높이는 효과가 있는데, 이에 해당되는 보험의 주요 조건은 아래와 같다.

- 계약 기간 10년 이상이고 납입 기간이 5년 이상이며 월보험료 합계액이 150만 원 이하인 적립식 저축성 보험
- 55세 이후부터 사망시까지 중도해지 없이 연금으로 수령하는 종신형 연금보험. 단, 사망시 보험재원이 소멸되고 지급보증 기간이 기대여명 연수 이내로 설정될 것
- 가와 나를 제외하고 계약 기간 10년 이상인 납입보험료 합계액이 1억 원 이내인 저축성 보험

314

일시납 보험의 1억 원 비과세 한도가 모두 사용되었다고 해도 과세이연 효과를 통해 과세되는 시점을 먼 훗날로 미루는 것도 좋은 방법이다. 이자소득이 발생하는 시기는 보험금 수령액이 보험료 납입액을 초과하는 순간부터이기 때문이다.

예를 들어 60세에 퇴직금 3억 원을 일시납 보험료로 납부한 후 익월부터 30년간 매월 110만 원의 연금을 수령한다고 가정하면, 22년 7개월차 연금 수령시부터 과세 대상 소득이 발생된다는 것이다. 과세가 되기는 하지만 먼 훗날 다른 소득이 없을 시점의 일이기 때문에 사실상 큰 부담은 아닐 수도 있는 것이다.

보장성 보험과 장애인을 위한 절세 혜택

근로소득자는 소득세법상 기본공제 대상자를 피보험자로 하는 보장성 보험료 납입액에 대해 연 100만 원을 한도로 13.2%의 세액공제를 적용받을 수 있다.

보장성 보험은 신체 또는 재산상 피해 발생시 보험금을 지급받는 보험으로, 보험계약 만기시 돌려받는 보험금이 납입 보험료를 초과하지 않는 보험을 의미한다. 암보험, 종신보험, 자동차보험, 의료실비보험, 화재보험 등이 이에 해당되며, 3억 원 이하의 임차보증금 반환을 보증하는 보험도 대상이 된다.

본인이 납입한 보장성 보험료뿐만 아니라 소득이 없는 부양가족이 납입한 것도 대상이 될 수 있으니 빠뜨리지 않아야 한다.

기본공제 대상자 중 장애인을 피보험자 또는 수익자로 하는 장애인전용 보장성 보험의 보험료 납입액에 대해서는 일반 보장성 보험과 별도로 연 100만 원 한도로 13.2%의 세액공제를 추가로 적용받을 수 있다.

보험료를 납입하는 계약자와 보험금을 수령하는 수익자가 다른 경우에는 계약자가 수익자에게 재산을 증여한 것으로 보아 증여세를 부담해야 한다. 그러나 계약자가 본인이 아닌 장애인을 수익자로 지정하는 경우에는 연간 보험금 수령액이 4천만 원 이하라면 증여세를 과세하지 않는 혜택을 부여하고 있다.

보험은 장기상품이라 중도해지가 빈번하다. 보험의 유형별로 조금씩 차이는 있지만 5년 이상 계약을 유지하는 비율이 50%가 안 되는 경우도 많다. 가입시부터 보험의 혜택을 제대로 이해한다면 중도해지 가능성을 줄이는 데도 도움이 될 것이다.

절세를 위한
신용·체크카드 사용 황금비율

같은 금액을 사용하더라도 신용·체크카드에 따라
돌려받는 세금액이 제각기 달라진다.

Q

신용카드나 체크카드를 사용하면 연말정산할 때 세금을 돌려받을 수 있는데,
같은 금액을 사용하더라도 절세 효과를 높이려면 어떻게 하면 좋을까요?

카드 사용금액이 연봉의 25%가 될 때까지는 신용카드를 사용하고, 초과시 체
크카드를 쓰는 것이 절세면에서 유리해요. 하지만 불필요한 지출을 하지는 않
는지 꼭 주의하세요!

A

똑같은 연봉 3천만 원을 받는 A와 B는 1년간 카드결제 금액이
1200만 원으로 두 사람이 똑같았지만, 연말정산시 카드소득공제는
A는 67만 원, B는 135만 원으로 B가 훨씬 더 높았다. 왜 이런 차이가

발생했을까? 정답은 A는 신용카드를, B는 체크카드를 사용했기 때문이다.

그렇다면 절세 효과가 큰 체크카드만 사용하는 것이 가장 유리한 것일까? 절세만 생각하면 맞는 말이지만, 신용카드의 할인 혜택 등이 체크카드 보다 더 큰 점을 감안하면 꼭 그런 것도 아니다. 그렇다면 내 지갑에 도움이 되는 신용카드와 체크카드 사용의 황금비율은 없을까?

소득공제율 높은 체크카드, 부가서비스 많은 신용카드

일반적으로 신용카드는 사용 조건에 따라 각종 할인 혜택이 체크카드보다 많으며, 신용카드 사용일부터 실제 결제일까지 무이자로 자금을 사용하는 효과까지 있어 유리하다. 하지만 스스로의 통제력이 약한 경우에는 과소비로 이어질 가능성이 좀더 높다는 점도 같이 고려할 필요가 있다.

소득공제금액을 산정하는 방식을 잘 살펴보면 황금비율을 쉽게 알 수 있다.

소득공제 금액 = [신용·체크카드 사용액 — 연봉의 25%] X 공제율(신용 15%, 체크 30%)

318

소득공제는 카드 사용금액이 연봉의 25%를 초과하는 부분만 대상이 된다. 따라서 연봉의 25%에 미달하는 카드 사용금액은 소득공제 혜택이 전혀 없기 때문에 상대적으로 혜택이 많은 신용카드를 사용하는 것이 유리하다.

연봉의 25%를 초과하는 금액이라면 체크카드를 사용하는 것이 절세에는 유리하다. 하지만 각자의 상황에 따라 절세효과가 없거나 신용카드의 할인 혜택이 절세 효과를 넘어설 수도 있다.

앞서 말한 A와 B의 소득공제액을 기준으로 소득 구간이 16.5%의 세율이 적용되는 경우라면, 실제 절세금액은 A 11만 원, B 22만 원으로 B의 절세금액이 11만 원 더 많다.

소득공제는 본인에게 적용되는 세율 구간에 따라 절세액이 달라지고, 다른 공제항목이 많아 과세 대상 소득이 적다면 절세 효과는 없을 수도 있다. 따라서 연봉의 25%까지는 신용카드를, 초과하는 금액은 체크카드 사용시 절세금액과 신용카드의 할인 혜택 등을 비교해 결정하는 것이 최선이다.

한편 맞벌이 부부라면 카드 사용금액이 많을 경우 연봉이 높은 사람의 카드를 사용해 높은 세율로 소득공제 혜택을 적용받고, 카드 사용금액이 적을 경우에는 연봉이 낮은 사람의 카드를 사용해 소득공제 대상금액이 발생되도록 하는 등의 선택도 할 수 있다.

절세와 할인 혜택 vs. 과소비 억제

신용카드 등 사용 금액에 대한 소득공제는 1999년 9월 내수 진작과 자영업자의 소득 양성화를 위해 한시적으로 도입된 후 일몰기간을 계속 연장해오고 있는 직장인의 대표적인 절세수단이다. 신용카드 소득공제로 2016년 기준 약 900만 명의 직장인이 연 1조 9천억 원의 세금을 돌려받았다고 하니 카드 사용을 늘려 정책 목적은 효과적으로 달성하고 있는 것으로 보인다.

신용카드 소득공제는 기본적으로 300만 원까지만 적용된다. 연봉이 7,500만~1억 2,500만 원일 때는 250만 원, 연봉 1억 2,500만 원 초과시에는 200만 원으로 한도가 줄어든다.

소득공제 한도 300만 원을 적용받기 위한 카드 사용액을 연봉별로 살펴보면 다음과 같다.

직장인 연봉	신용카드 사용액	체크카드 사용액
3,000만 원	2,750만 원	1,750만 원
4,000만 원	3,000만 원	2,000만 원
5,000만 원	3,250만 원	2,250만 원
6,000만 원	3,500만 원	2,500만 원

소득공제 혜택을 위해서는 체크카드를 사용하는 것이 유리하다는 예시로 활용되기도 하지만, 그보다 먼저 연봉대비 지출액 비율에 주목할 필요가 있다. 기본적으로 지출하는 금액 중 카드로 사용하지

않는 부분을 감안하면 상당히 큰 지출이 있어야 된다는 것이다.

할인이나 절세 같이 상대적으로 작은 혜택을 위해 불필요한 과소비를 하는 것은 아닌지 점검하자. 똑똑한 소비 습관을 갖는 것이 먼저라는 점을 꼭 기억해두자.

금융소득 종합과세 대상자가
되면 발생하는 일들

금융소득 종합과세 대상자가 되기 싫어 정기예금만 고집한다면?
제대로 알아야 제대로 된 의사결정이 가능하다.

Q

금융소득 종합과세 대상자는 세금 부담도 많고, 세무조사 가능성도 높아진다
고 하던데 그게 사실인가요?

꼭 그렇다고 보기는 어렵습니다. 금융소득 금액에 따라 달라지는 내용을 알아
두는 것이 좋습니다.

A

이자소득과 배당소득을 금융소득이라고 한다. 비과세 및 분리과
세소득을 제외한 금융소득이 2천만 원을 초과할 때 금융소득을 종
합소득과 합산해 세금을 부담하도록 하는 것을 금융소득 종합과세
라고 한다.

금융소득에 대해서는 지급받을 때 14%의 소득세를 부담하는데, 종합과세되면 소득 구간에 따라 더 높은 세율이 적용된 금액과의 차액을 추가로 납부해야 한다. 단, 종합과세되는 경우라도 2천만 원 이하의 금액은 14%(지방소득세 10%를 포함하면 15.4%)의 세율이 유지되며, 2천만 원을 초과하는 금액에 대해서만 종합소득세율과 14% 중 높은 세율을 적용한다.

금융소득 구간별로 달라지는 사항들

금융소득 규모에 따라 변경되는 항목을 알아둔다면 그에 따른 대비를 할 수 있고, 예상치 못한 변화로 당황하는 일을 피할 수 있다. 다른 소득은 없고 금융소득만 있는 경우를 기준으로 금융소득 금액별로 달라지는 사항을 체크해보자.

우선 금융소득이 2천만 원을 초과한다면 다른 사람의 부양가족으로 소득공제 대상이 될 수 없다. 만일 연말정산시 부양가족 공제를 신청한 가족이 금융소득 종합과세 대상자라면, 5월달 종합소득 신고기간에 부양가족 공제를 취소하고 추가로 세금을 납부해야 향후 가산세 부담을 피할 수 있다.

금융소득이 3,400만 원을 초과한다면 건강보험의 피부양자 자격을 상실하고 지역가입자로 전환되어 건강보험료를 1년간 추가로 부담해야 한다. 다음해 금융소득이 3,400만 원 이하라면 다시 피부양

귀속연도 과세표준	2018년 이후	
	세율	누진공제
1,200만 원 이하	6%	–
1,200만 원 초과 ~ 4,600만 원 이하	15%	108만 원
4,600만 원 초과 ~ 8,800만 원 이하	24%	522만 원
8,800만 원 초과 ~ 1억 5천만 원 이하	35%	1,490만 원
1억 5천만 원 초과 ~ 3억 원 이하	38%	1,940만 원
3억 원 초과 ~ 5억 원 이하	40%	2,540만 원
5억 원 초과 ~	42%	3,540만 원

※ 과세표준이 1억 원이라면 1억원×35%-1,490만 원 = 2,010만 원이 소득세로 계산된다.

자 자격을 취득할 수 있다.

추가적인 소득세 부담은 금융소득이 적어도 7,650만 원을 초과해야 발생된다. 종합소득세계산시에는 기본공제와 표준세액공제가 적용되며 세율 구간이 6%부터 적용되기 때문에 금융소득이 7,650만 원을 초과하기 전까지는 금융 회사에 원천징수된 14%가 더 크기 때문이다.

마지막으로 금융소득 종합과세 여부와 세무조사 가능성은 사실상 관계가 없다는 점도 알아두자. 금융소득에 대한 정보는 금융소득 규모에 따라 달라지는 것이 아니라, 비과세 소득을 포함해 모두 이미 국세청에 보고되고 있기 때문이다. 금융소득 종합과세에 대한 막연한 두려움 때문에 추가수익을 얻을 기회를 놓치고 있는 것은 아닌지 살펴볼 필요가 있다.

금융소득 종합과세를 피하는 방법들

"피할 수 없으면 즐겨라"라는 말도 있지만, 세금이라면 "즐길 수 없다면 피해라"가 더 어울리는 말인 것 같다. 다음의 방법들을 활용하면 금융소득 종합과세를 피할 가능성을 높일 수 있다.

첫째, 금융소득 종합과세 여부는 개인별로 판단하기 때문에 금융소득을 분산하는 방법이 있다. 개인별 금융소득을 분산하기 위해서는 원금 자체를 가족에게 증여하거나, 가능한 경우라면 금융소득에 해당되는 부분만 증여하는 방법이 있다.

이때 증여세 과세 대상에 해당되지만 증여재산공제 범위 내에서 증여를 한다면 증여세 부담도 피할 수 있다. 증여공제는 증여자가 누구인지에 따라 배우자 6억 원, 직계존속 5천만 원(미성년자가 증여받는 경우에는 2천만 원), 직계비속 5천만 원, 기타친족 1천만 원이며 10년간 합산해 적용된다.

둘째, 소득세는 연도별로 과세하기 때문에 금융소득의 수입시기를, 다른 연도로 분산할 수 있으면 금융소득 종합과세를 회피할 수도 있다. 예를 들면 정기예금 이자의 수입시기는 '실제로 이자를 지급받은 날'이므로 만기일에 해지하지 않고 다음 연도에 해지하면 수입 시기를 조절할 수도 있는 것이다.

또한 펀드에서 발생되는 이익은 '이익을 지급받은 날' 또는 '결산일'인데, 귀속시기를 조절하기 위해 환매시기와 금액을 조절해볼 수도 있다.

마지막으로 비과세 또는 분리과세되는 금융상품을 활용하면 종합과세 대상 금융소득을 줄일 수 있다. 비과세 저축보험, 종합자산관리계좌ISA, 주식형 펀드 등의 상품을 활용할 수 있고, 연금저축상품의 수익은 금융소득이 아닌 연금소득으로 과세된다는 점도 기억해두자.

⏳ 1분 금융 스터디

▶ 종합과세 vs. 분리과세

소득의 유형은 이자, 배당, 사업, 근로, 기타소득으로 구분되며 이를 통틀어 종합소득이라고 한다. 종합과세는 해당 소득을 종합소득에 합산해 세금을 계산하며, 분리과세는 종합소득에 합산하지 않고 별도로 과세한다. 일반적으로 소득세는 종합소득이 커질수록 세금 부담이 누진적으로 증가하는 구조로 되어 있어 분리과세되면 세금 부담이 줄어들게 된다.

금융지식 없이는 결코 돈을 모으고 불릴 수 없다.
재테크 성공을 간절히 원한다면
금융에 대한 기본기로 '돈 모으는 재미'를 느껴보자.

모든 재산굴리기의 기본은 금리다
금리지식이 이렇게 쓸모 있을 줄이야

장태민 지음 | 값 16,000원

이 책은 투자와 재테크에 관심이 많지만 금리지식이 부족한 일반인들에게 도움이 되기 위해 쓰여졌다. 금리에 대한 이해도를 높여야 다른 투자도 효율적으로 할 수 있는 시대다. 주식시장, 채권시장, 외환시장 모두 금리의 영향을 받는다. 그렇기에 금리를 모르고 투자에 무작정 나서 엉뚱한 투자로 돈을 날리고 싶지 않다면 반드시 금리를 알아야 한다. 이 책을 통해 금리지식을 쌓고 주식, 부동산, 채권 등의 가격 상황을 비교하는 연습을 시작해보자.

모든 경제는 환율로 시작해 환율로 끝난다
경제의 99%는 환율이다

백석현 지음 | 값 15,000원

환율을 보면 글로벌 경제와 금융시장 흐름을 알 수 있고 환율에는 한 국가의 총체적 경제력이 투영된다. 환율의 모든 것을 알려주는 이 책은 한국인에게 가장 적합한 환율 교양서라고 해도 과언이 아니다. 이 책은 저자가 직접 외환시장에서 경험한 실무 노하우를 곁들여, 쉬우면서도 실감나게 환율과 외환시장의 진면목을 보여준다. 환율의 기초 이론부터 역사와 심리, 국제정치까지 아우르는 이 책 한 권이면 환율 완전정복은 충분하다.

금융이란 무엇이며 어떤 것인가
보통 사람을 위한 금융 공부

대니얼 코나한, 댄 스미스 지음 | 값 19,800원

돈이 곧 힘이며 권력인 시대, 하지만 우리는 금융에 대해 너무나도 모르고 있다. 금융은 도대체 무엇이고 어떤 역할을 할까? 이 책은 소소하지만 중요한 개인의 재무관리에서부터 세계금융의 거대한 흐름까지 인간의 중대 관심사인 금융의 핵심을 명쾌하게 알려준다. 이 책은 재미있는 교과서의 방식에 아주 충실하게 작성되어져 있다. 기초부터 점점 깊이 있는 이야기까지, 부담감 없이 금융의 역사와 속성을 쉽게 이해할 수 있을 것이다.

금리상승기, 곧 다가올 위기를 대비하라
경제흐름을 꿰뚫어보는 금리의 미래

박상현 지음 | 값 16,000원

이 책은 투자자들에게 가장 민감한 금리의 흐름과 금리가 미칠 영향을 면밀히 분석·진단하고 있다. 저자는 이코노미스트로 지난 10년간 금융시장 현장의 체험과 집필한 리포트를 활용해 투자자들과 일반 독자에게 향후 금융시장, 금리 변화를 이해하고 리스크를 관리하는 데 도움을 주기 위해 이 책을 썼다. 이 책으로 과거의 저금리 시대를 정리해보고, 숨어있는 리스크도 짚어보고, 미래의 금리를 전망해볼 수 있을 것이다.

위험한 미래에서 어떻게 살아남을 것인가
트럼프발 경제위기가 시작됐다

정인호 지음 | 값 17,000원

세계경제를 뒤흔드는 트럼프의 정책을 정확하게 파악해야 코앞까지 다가온 세계경제 위기를 정확하게 예측할 수 있다. 저자는 트럼프가 미국 대통령이 되고 나서 나타난 '트럼프 현상'을 객관적으로 보여준다. 또한 트럼프의 정책뿐만 아니라 미국, EU, 일본, 중국, 한국의 경제까지 살펴볼 수 있다. 트럼프발 세계경제 위기는 이미 진행되고 있어, 우리가 피할 길은 없다. 이 책을 통해 경제위기를 통찰하고 현명하게 대응하는 법을 얻을 수 있을 것이다.

우리 가족의 안정된 삶을 위한 진짜 공부
엄마를 위한 심플한 경제 공부, 돈 공부

박지수 지음 | 값 15,000원

반복되는 금융 위기와 저성장 속에서 살아남으려면 가계의 중심이 되는 엄마가 최소한의 경제와 돈은 알아야 한다. 이 책은 '몰라서, 바빠서' 등의 이유로 돈에 대한 스위치가 꺼져있는 엄마들을 위해 심플하게 본질과 핵심만 소개한다. 이 책을 통해 경제를 읽고 내 재무제표에 따라 자산 계획을 실천해가며 기초 체력을 키우다보면 엄마인 당신이 가정경제의 꽃을 활짝 피울 수 있을 것이다.

1인 디벨로퍼로 3년 안에 건물주 되기
나는 2천만 원으로 시작해 20억 건물주가 되었다

김동철 지음 | 값 16,000원

종잣돈 2천만 원으로 시작해 도심의 20억짜리 건물을 가지게 된 저자의 노하우를 이 한 권의 책에 모두 담았다. 공·경매를 통해 도심의 자투리땅에 있는 단독주택을 시세보다 싸게 낙찰 받고 이를 직접 용도에 맞게 기획해 신축함으로써 투자비용은 최소화하고 수익을 극대화하는 '건물주 되기 노하우'를 공개한다. 돈도, 경제지식도, 부자마인드도 없던 대한민국의 평범한 남자가 20억 건물주가 되기까지의 과정을 생생하게 소개한다.

다가올 3년, 아직 부동산 투자 기회는 남아있다
혼돈의 부동산시장, 그래도 기회는 있다

김인만 지음 | 값 16,000원

부동산시장의 흐름을 읽을 수 있는 노하우, 그리고 부동산 투자자라면 꼭 알아야 필수 지식과 투자전략을 한 권에 담은 책이 나왔다. 이 책은 현재 부동산시장의 정확한 진단, 과거부터 현재까지의 부동산 정책 흐름, 인구변화, 입주물량, 금리인상 등 부동산가격에 영향을 주는 여러 요인들을 팩트로 분석해 최대한 정확한 예측을 할 수 있도록 안내하는 책이라고 할 수 있다.

경제 공부, 하루 30분이면 충분하다
매일 경제 공부

곽수종 지음 | 값 18,000원

'경제'란 사회활동의 '빅데이터'다. 경제에 담겨진 물가, 급여, 경제 성장률, 금리, 생산, 수출 등 수많은 변수들에는 다양한 정보가 담겨져 있다. 다양한 정보들을 알기 위해서는 필수적으로 알아야 하는 경제·금융용어들이 있다. 저자는 경제학을 전공하지 않은 일반인들이 경제와 경제용어를 쉽게 이해할 수 있도록 하기 위해 이 책을 집필했다. 경제를 공부하고 싶지만 쉽게 접근하지 못한 일반인들에게 이 책은 든든한 나침반이 될 것이다.

한 권으로 끝내는 대한민국 경제 특강
곽수종 박사의 대한민국 경제 대전망

곽수종 지음 | 값 17,000원

한국 조지 메이슨 대학교 경제학과 교수로 재직 중인 곽수종 박사는 한국 경제의 지속 가능한 성장을 위해 새로운 글로벌 패러다임의 변화를 읽어내고 전략적으로 국가의 이해관계를 극대화해야 한다고 말한다. 한국 경제 성장의 주요 변수는 환율의 변동성, 미국과 중국 등 주요 수출시장 경제의 경제상황의 안정성 등을 꼽을 수 있다. 이 책을 통해 한국 경제를 넘어 글로벌 경제 전체를 바라보는 폭넓은 시야와 통찰력을 가질 수 있을 것이다.

돈을 지배하는 경제의 핵심원리
경제는 돈의 흐름을 알고 있다

김종선 지음 | 값 18,000원

경제를 보는 시야를 한층 틔워주는 경제 교양서다. 나아가 경제를 통해 소중한 자산을 어떻게 관리할지를 알려주는 자산관리 지침서이기도 하다. 이 책을 통해 복잡다단한 경제의 운동원리를 이해하고, 이를 이용해 자신의 자산관리 수준을 끌어올릴 수 있을 것이다. 이 책을 통해 비즈니스 사이클을 읽어낼 수 있다면, 그동안 내 편이 되어주지 않았던 경제를 내 편으로 끌어들일 수 있을 것이다.

금리인상기에 현명한 투자자가 되는 방법
금리는 주식시장의 미래를 알고 있다

정웅지 지음 | 값 15,000원

주식시장에 있어 금리의 중요성과 영향력을 설명하고, 개인들이 주식투자를 할 때 쉽게 따라 할 수 있는 금리활용법을 소개하는 책이다. 금융시장의 일반적인 지식들로부터, 투자의 기준인 금리에 대한 이해를 지나, 실제 주식투자의 연결고리까지 일련의 내용을 이어가기 위해 노력을 기울였다. 우리는 모두 옳은 방향으로 가기 위해 노력해야 한다는 공통분모를 갖고 있다. 이 책을 통해 옳은 방향의 투자를 어떻게 실천할 것인지 깨달을 수 있다.

당신도 꼬마빌딩의 주인이 될 수 있다!
나는 다가구투자로 꼬마빌딩 4채의 주인이 되었다

박정선 지음 | 값 16,000원

단순한 부동산 책이 아니라 매달 '돈 나오는 집'을 절실히 원하는 직장인과 은퇴자를 위한 인생역전 필독서다. 10여 년간 부동산 현장을 두루 섭렵한 저자는 다가구주택 또는 신도시 택지를 구입해서 꼬마빌딩으로 만든 실전 비법과 노하우를 담았다. 경제 불황 시기에 '돈 나오는 집'을 절실히 원하는 사람이라면, 아파트보다는 다가구주택에 투자해 꼬마빌딩 주인 되기에 도전해보자.

지하 단칸방에서 시작해 어떻게 반포 아파트 2채를 소유하게 됐을까?
반지하에서 반포 아파트 입성하기

이재국 지음 | 값 16,000원

신혼을 지하 단칸방에서 보낸 저자가 어떻게 반포 아파트 2채를 소유하게 됐는지 생생한 경험과 투자 노하우를 담은 책이다. 저자는 오랫동안 건축과 부동산 분야에 몸담으면서 내집 마련을 위한 고민과 성공적인 투자 방법을 항상 생각하며 활동해왔다. 이 책에는 성공한 이야기뿐만 아니라 실패한 이야기까지 가감 없이 담겨있다. 따라서 사람들이 자신의 투자 성향을 되돌아보고, 재테크 방향을 올바로 잡을 수 있을 것이다.

다가올 3년, 부동산 상승장은 계속된다!
2019~2021 부동산의 미래

김혜경 지음 | 값 16,000원

다가올 3년, 부동산시장을 어떻게 해석해 성공적인 투자 타이밍을 잡을 것인지, 리스크에는 어떻게 대비할 것인지 알려주는 부동산 예측서다. 미래 시장의 흐름과 가치 분석, 개발요인의 효과를 통해 어떻게 성공적인 투자 모델을 만들 것인가에 중점을 두고 투자 방향을 명쾌하게 제시한다. 저자는 지난 10여 년간 부동산 강사이자 투자 전문가로 활동하며 터득한 투자 노하우와 미래 예측을 위한 지침을 고스란히 이 책에 담았다.

국내 최고 재테크 전문가들의 명쾌한 투자 해답
2019 재테크 대전망

서기수·곽문경·백영·신진혜·이재국·전래훈·최병문 지음 | 값 17,000원

저성장시대와 불황의 시대를 맞아 누구에게나 소중하고 특별한 '돈'이다. 때문에 숨 쉬듯이 경제와 재테크에 관심을 가져야 할 때다. 경제·부동산·국내주식·해외주식·금융상품·세무 등 각 재테크 분야의 최고 전문가 7명이 신중에 신중을 거듭해 의견을 내놓았다. 2019년 재테크 핵심 전략과 투자의 방향성을 잡는 데 실질적인 도움을 주면서 경제 전체를 보는 통찰력도 키워줄 것이다.

■ 독자 여러분의 소중한 원고를 기다립니다

메이트북스는 독자 여러분의 소중한 원고를 기다리고 있습니다. 집필을 끝냈거나 집필중인 원고가 있으신 분은 khg0109@hanmail.net으로 원고의 간단한 기획의도와 개요, 연락처 등과 함께 보내주시면 최대한 빨리 검토한 후에 연락드리겠습니다. 머뭇거리지 마시고 언제라도 메이트북스의 문을 두드리시면 반갑게 맞이하겠습니다.

■ 메이트북스 SNS는 보물창고입니다

메이트북스 홈페이지 www.matebooks.co.kr

책에 대한 칼럼 및 신간정보, 베스트셀러 및 스테디셀러 정보뿐만 아니라 저자의 인터뷰 및 책 소개 동영상을 보실 수 있습니다.

메이트북스 유튜브 bit.ly/2qXrcUb

활발하게 업로드되는 저자의 인터뷰, 책 소개 동영상을 통해 책에서는 접할 수 없었던 입체적인 정보들을 경험하실 수 있습니다.

메이트북스 블로그 blog.naver.com/1n1media

1분 전문가 칼럼, 화제의 책, 화제의 동영상 등 독자 여러분을 위해 다양한 콘텐츠를 매일 올리고 있습니다.

메이트북스 네이버 포스트 post.naver.com/1n1media

도서 내용을 재구성해 만든 블로그형, 카드뉴스형 포스트를 통해 유익하고 통찰력 있는 정보들을 경험하실 수 있습니다.

메이트북스 인스타그램 instagram.com/matebooks2

신간정보와 책 내용을 재구성한 카드뉴스, 동영상이 가득합니다. 각종 도서 이벤트들을 진행하니 많은 참여 바랍니다.

메이트북스 페이스북 facebook.com/matebooks

신간정보와 책 내용을 재구성한 카드뉴스, 동영상이 가득합니다. 팔로우를 하시면 편하게 글들을 받으실 수 있습니다.

STEP 1. 네이버 검색창 옆의 카메라 모양 아이콘을 누르세요.　STEP 2. 스마트렌즈를 통해 각 QR코드를 스캔하시면 됩니다.
STEP 3. 팝업창을 누르시면 메이트북스의 SNS가 나옵니다.